山东省社会科学规划研究项目文丛·一般项目（项目批准号：15CJRJ04）

微金融
支持小微企业发展研究

姚丽莎 ◎ 著

中国财经出版传媒集团
经济科学出版社
Economic Science Press

图书在版编目（CIP）数据

微金融支持小微企业发展研究/姚丽莎著.—北京：经济科学出版社，2021.11

ISBN 978-7-5218-3039-2

Ⅰ.①微… Ⅱ.①姚… Ⅲ.①中小企业-金融支持-研究-中国 Ⅳ.①F279.243

中国版本图书馆 CIP 数据核字（2021）第 231707 号

责任编辑：周国强
责任校对：王苗苗
责任印制：张佳裕

微金融支持小微企业发展研究

姚丽莎 著

经济科学出版社出版、发行 新华书店经销
社址：北京市海淀区阜成路甲 28 号 邮编：100142
总编部电话：010-88191217 发行部电话：010-88191522
网址：www.esp.com.cn
电子邮箱：esp@esp.com.cn
天猫网店：经济科学出版社旗舰店
网址：http://jjkxcbs.tmall.com
固安华明印业有限公司印装
710×1000 16 开 12.25 印张 210000 字
2021 年 11 月第 1 版 2021 年 11 月第 1 次印刷
ISBN 978-7-5218-3039-2 定价：78.00 元
（图书出现印装问题，本社负责调换。电话：010-88191510）
（版权所有 侵权必究 打击盗版 举报热线：010-88191661）
QQ：2242791300 营销中心电话：010-88191537
电子邮箱：dbts@esp.com.cn）

前　　言

  2017年6月27日是联合国确定的首个"中小微企业日",这是对中小微企业在经济发展中所发挥重要作用的肯定。由此可见,小微企业的发展已经引发全球的关注。小微企业作为国民经济和社会发展的重要力量,在保障就业、改善民生、促进创新、促进乡村振兴与社会和谐稳定等方面作出了巨大贡献。在新时代和新阶段的背景下,大力发展小微企业,对经济发展和社会治理具有重要意义。但由于受到多种因素的共同影响,小微企业的发展面临的诸多挑战和障碍,最为突出的是"融资难、融资贵"的问题。无论是从全球来看,还是从中国来看,这不是新问题,只是每个国家"难"和"贵"的程度有所不同。

  服务实体经济是金融的天职和宗旨。中共十八届三中全会提出要大力发展普惠金融。微金融是普惠金融的重要组成部分,做好微金融服务也是发展普惠金融的关键一环。在政府与监管部门的大力支持下,金融机构进行了积极的探索和实践,微金融成为金融机构竞相关注的热点。尽管政府部门已出台了很多相关扶持小微企业发展的政策,商业银行等传统金融机构在支持小微企业融资方面进行了一系列的创新,在一定程度上促进了一批小微企业快速发展。但整体来看,小微企业的融资困境没有从根本上得到解决。

  鉴于小微企业在国民经济发展中的重要性,以及其当前面临因新冠肺炎疫情而加剧的融资困境所导致的脆弱性,开展微金融支持小微企业发展研究,完善多层次、差异化、可持续的微金融体系,不断提高微金融支持小微企业发展的效率,在实现微金融机构自身可持续发展的同时,促进小微企业快速健康发展,具有一定的理论意义和实践意义。其中的理论意义在于:一是在分析微金融演进的内在机理的基础上,进一步分析微金融支持小微企业发展的效应机理;二是有助于破除"金融抑制",丰富金融深化理论。当前对小微企业发展给予精准的金融支持的实践意义在于：一方面，有助于保障小微企业稳定健康发展进而发挥稳就业、保民生的重要作用；另一方面，有助于不断提高小微企业的金融服务可获得性等，促进小微企业快速融入国内国际经济双循环体系等。

本书根据研究主题，借鉴了信息不对称理论、长尾理论、商业可持续原理、企业金融成长周期理论等成熟理论，在考察国内外微金融支持小微企业发展实践的基础上，结合中国国情，综合采用文献研究法、比较分析法和典型案例分析等方法，进行了较为系统的研究，为微金融支持小微企业发展树立了一定的判断标准。

本书对已有相关文献资料进行梳理与分析的基础上，首先对微金融的概念、微金融的需求主体与供给主体进行了界定；接着分析了当前微金融支持小微企业发展的现状及其存在的问题；重点是考虑到中国经济机制、法律制度、财政金融政策、金融基础设施建设等金融生态环境建设方面的实际情况，基于经济学的供需模型，搭建微金融需求侧、微金融供给侧、微金融管理侧（政府与监管机构）三方分析框架对微金融支持小微企业发展的制约因素进行了分析；随后借鉴美国、德国、日本等发达国家在支持小微企业发展方面的实践经验，以期为中国微金融支持小微企业发展提供具有参照价值的国际视角；最后分别从微金融的需求侧、微金融的供给侧以及微金融的管理侧提出针对性的微金融促进小微企业发展的建议，目的是通过不断完善微金融体系，加大对小微企业的金融支持力度，促使小微企业稳定健康发展，不断成长为推动经济和社会高质量发展的强大动能。

本书是作者主持的山东社会科学规划研究项目"微金融支持小微企业发展研究"（项目批准号：15CJRJ04）的最终研究成果。在此，首先感谢山东社会科学规划研究项目和临沂大学对本书的出版所给予的资助；同时感谢临沂大学社科处和商学院各位领导与同事对本书写作、出版所给予的支持和帮助。特别感谢卢中华教授从课题开始申请到结题所给予的支持和帮助！

在写作过程中，笔者参阅了诸多前辈和同仁的研究成果，收益颇丰，在此向这些前辈和同仁深表谢意！最后，由于笔者水平所限，本书可能会存在一些不足之处，恳请各位专家和同仁给予批评指正，在此深表谢意。

姚丽莎
2021 年 7 月

目 录

| 第一章 | **导论** / 1

　　第一节　微金融支持小微企业发展的研究背景和研究意义 / 1

　　第二节　微金融支持小微企业发展研究的文献综述及评价 / 8

　　第三节　微金融支持小微企业发展的研究对象和研究内容 / 20

　　第四节　微金融支持小微企业发展的研究方法和创新之处 / 25

　　本章小结 / 26

| 第二章 | **微金融支持小微企业发展研究的理论基础** / 29

　　第一节　信息不对称理论与微金融支持小微企业发展 / 29

　　第二节　长尾理论与微金融支持小微企业发展 / 30

　　第三节　可持续发展与微金融支持小微企业发展 / 33

　　第四节　企业金融成长周期理论与微金融支持小微企业发展 / 36

本章小结 / 38

| 第三章 | **微金融需求主体与供给主体概述 / 40**
第一节　微金融需求主体——小微企业的基本特征 / 40
第二节　微金融供给主体及其功能定位 / 50
第三节　微金融的发展历程与主要模式 / 56
本章小结 / 62

| 第四章 | **微金融支持小微企业发展的现状与问题 / 64**
第一节　微金融支持小微企业发展的现状 / 64
第二节　微金融支持小微企业发展中存在的问题 / 74
本章小结 / 89

| 第五章 | **微金融支持小微企业发展的制约因素分析 / 91**
第一节　基于微金融需求侧的制约因素分析 / 92
第二节　基于微金融供给侧的制约因素分析 / 99
第三节　基于微金融管理侧的制约因素分析 / 109
本章小结 / 116

| 第六章 | **微金融支持小微企业发展的国际经验与启示 / 118**
第一节　法律体系及政策性金融组织架构的国际
　　　　经验与启示 / 119
第二节　融资担保制度建设的国际经验与启示 / 122
第三节　小微企业征信服务建设的国际经验与启示 / 124

第四节　构建多层次、多元化的小微融资市场体系的国际经验与启示 / 128

本章小结 / 131

第七章　微金融支持小微企业发展的建议 / 134

第一节　基于微金融需求侧的微金融支持小微企业发展的建议 / 135

第二节　基于微金融供给侧的微金融支持小微企业发展的建议 / 140

第三节　基于微金融管理侧的微金融支持小微企业发展的建议 / 152

本章小结 / 170

参考文献 / 173

第一章
导　论

第一节　微金融支持小微企业发展的研究背景和研究意义

一、研究背景

（一）时代背景

当前，中国特色社会主义进入了新时代。新时代是对当前一个时期在经济、政治、文化、社会、生态文明等方面出现的新变化的全面概括。不同行业、不同领域、不同市场主体面临很多新变化，需要不断进行深度重构，才能适应新时代的新要求。

新时代从世界范围来看，体现在世界经济所处的深化期、新一轮科技革命的快进期；从国内来看，体现在全面建设社会主义现代化强国的开局期。为应对传统的国际循环不断弱化的局面，中国开始构建新发展格局。

20世纪80年代以来，小微企业就是大多数人就业的渠道和社会经济活动创新的源头，是实现社会经济稳定与发展的基础。目前在中国1.44亿户市场主体中①，包含个体工商户在内的小微企业的数目就达到了 1.2 亿户。2020 年以来，世界经济的下行和新冠肺炎疫情的出现对小微企业的生存与进一步的发展产生了巨大的影响。对于政府部门来说，保市场主体是一项繁重的任务，而支持小微企业的生存与发展成为保市场主体任务中的一项重要内容。决定小微企业能否生存下去乃至能否实现进一步发展的关键是融资问题。从政府层面看，小微企业融资问题是最近几年"两会"的重点议题之一。在近三年的国务院政府工作报告中，"小微企业"一词，每年都出现十多次，但每次强调的重点不同。2019 年强调的是明显改善了小微企业原有的融资紧张问题，明显降低了小微企业之前过高的综合融资成本；到 2020 年强调的是明显提高了小微企业融资的可获得性，使得其综合融资成本有了进一步的明显降低；再到 2021 年从小微企业融资的便利性上来看，融资更加便利了；从综合融资成本上来看，成本进一步下降了。在小微企业贷款增速方面，对大型商业银行的要求从 2019 年开始提出增长 30% 以上到 2020 年的高于 40%，再到 2021 年的 30% 以上。由此可以看出，小微企业的融资问题近些年来一直受到国务院的重视。

  小微企业的发展，离不开金融的支持。目前金融领域一方面存在"中小企业金融抑制"现象，另一方面也同时存在金融过度扩张的情况。小微企业的融资需求得不到充分满足，其能够得到的资金支持与其在国民经济中的重要性并不相符。对微金融支持小微企业发展进行系统性研究，持续大力对小微企业发展进行支持，既可以实现微金融机构自身可持续发展，也可以促进小微企业的快速发展和升级；既有利于提高小微企业的市场竞争力和影响力，也有利于激发内需潜力，有助于发挥中国大规模市场优势。

  尽管近些年来，由于政府部门的高度重视和不同层次金融机构的努力，小微企业融资难、融资贵问题得到了一定程度的缓解，但 2020 年以来，由于新冠肺炎疫情的暴发，极大地影响了充当国民经济毛细血管又特别依赖现金流的小微企业，这更加暴露了小微企业抵抗风险能力弱的特征。清华大学经济管理学院朱武祥等在 2020 年 2 月针对全国中小微企业的问卷调查发现，

---

① 根据企查查大数据研究院与中国社科院城市与竞争力研究中心联合发布的报告显示，截至 2021 年 2 月，中国共有在业/存续的市场主体 1.44 亿家，其中企业 4457.2 万家，个体工商户 9604.6 万家。

37%的小微企业现金仅能维持1个月,85.8%的小微企业账上现金不足以维持3个月。小微企业原本就资金链脆弱,疫情更是加剧了其生存问题。而疫情在全球的扩散使中国维持经济稳定的难度和不确定性增加,作为弱势群体的小微企业更容易受到冲击。① 清华大学五道口金融学院廖理和王正位等评估新冠肺炎疫情对企业经营收入的影响研究证实了新冠肺炎疫情对小微企业的冲击之大。

2020年4月末的一组调研数据显示②,小微企业的复产情况显著落后于大中型企业,对复产的预期也更显悲观——小微企业的"脆弱性"。市场需求疲软,导致营收减少、盈利能力降低,进而造成现金流吃紧,小微实体经营难以为继。当前,随着国内疫情防控形势的日趋稳定和"六稳""六保"工作的有力落地推进,国内经济逐渐恢复,但呈现出工业恢复快于服务业、生产恢复快于消费、大中企业恢复快于小微企业的不平衡状态。大部分大中型企业的现金流情况逐步好转,但小微企业的处境仍不容乐观——约60%小微企业的现金流仅够支持企业经营不超过3个月。③ 对在疫情冲击中夹缝求生的小微企业来说,尽管政府鼓励金融支持小微的政策持续加码,但仍有不少小微经营者面临融资难、融资不足甚至融不到资的现象,融资问题成为"卡脖子"问题。

当前新时代在经济领域最突出的特征是数字经济的突飞猛进。2018年9月26日,国家发改委公布了19个部门联合发布的《关于发展数字经济稳定并扩大就业的指导意见》④,表明中国开始步入以先进信息技术为主要动力的

---

① 清华大学五道口金融学院廖理和王正位等评估新冠肺炎疫情对企业经营收入的影响研究时发现,从短期数据来看,2020年春节后6周企业平均营业收入仅是2019年同期的36.99%,湖北省的中小微企业这一数据仅为5.92%;在美国也有类似情形出现,大城市最富裕社区的小企业收入在2020年3月~4月底之间减少了70%,最不富裕社区的小企业收入也减少了30%。从更加长期的时间来看,新冠疫情除了降低企业短期营业收入,还带来了营业中断、入不敷出,导致企业在艰难生存,甚至退市。

② 招商银行2020年5月发布《穿越生死线——小微企业调研报告》显示,小微企业产能恢复程度达到以往半成以上的有41.3%,而大中企业产能恢复程度达到以往半成以上的达81.1%。在对未来经营状况的预期方面,小微企业三季度前可恢复至75%以上的有61.6%,年内恢复无望的有24.4%;而大中企业中,这两个比例分别为80.1%和9.4%。

③ 招商银行2020年5月发布《穿越生死线——小微企业调研报告》。

④ 《关于发展数字经济稳定并扩大就业的指导意见》,提出要大力发展数字经济稳定并扩大就业,促进经济转型升级和就业提质扩面互促共进;计划到2025年,提高国民数字素养到发达国家平均水平,稳步扩大数字人才规模,数字经济领域作为重要的就业渠道。

数字经济时代。在这一时代背景下，小微企业的发展，更离不开金融的支持。数字经济时代呼唤的是更加包容、更加数字化、更加具有人文精神的金融。只有这样的金融与金融机构，才能稳住上亿市场主体，帮助企业特别是中小微企业渡过难关，才能不断保障社会就业和民生。

总之，在数字经济时代背景下，微金融需要在完善自身发展的基础上，不断满足小微企业的融资需求，大力支持小微企业恢复发展、健康发展，尽快融入当前国内国际经济双循环体系之中。

（二）阶段背景

从世界经济发展阶段来说，随着大国战略博弈不断加剧，影响国际经济秩序的不确定因素明显增多；从国内经济发展阶段来看，中国经济已开始转向高质量发展阶段。要想奠定经济高质量发展的基础，就需要加大对小微企业的支持，不断促进小微企业做大做强，使其成为推动经济社会发展迈向现代化的强大力量。

2013年中共十八届三中全会通过了《全面深化改革若干问题的决定》，该决定提出要大力发展普惠金融。微金融作为普惠金融的一个重要组成部分，做好微金融服务也是发展普惠金融的关键一环。在这一经济发展阶段，中国出台了一系列支持财政和金融政策来支持中小微企业的发展。在政府与监管部门的大力支持下，金融机构进行了积极的探索和实践，微金融成为金融机构竞相关注的热点。多元化的政策组合在一定程度上降低了实体经济的融资成本，有助于缓解小微企业融资难、融资贵的问题。尽管众多微型金融供给主体的参与保证了小微企业的融资需求在一定程度上的满足，但其获得的金融服务与其在国民经济中"五六七八九"的贡献并不相符。[1] 截至2020年4月末，中国银行业金融机构对小微企业和个体工商户的贷款覆盖率仅为23%，而调研数据显示，小微经济体有融资需求的比例大约在70%，这就会导致有数千万小微企业和个体工商户不得不借助民间借贷。[2]

随着金融与科技结合的程度不断加深，金融领域进入新的发展阶段。金融

---

[1] 中小微企业贡献了全国50%以上的税收、60%以上的GDP、70%以上的专利发明、80%以上的城镇就业和90%以上的企业数量。

[2] 刘克崮，等.关于民间借贷利率司法保护上限新规的调研（上）[J].当代金融家，2020（12）.

机构通过逐步提高小微企业贷款可得性，不断增加小微企业信用贷款的比例，充分有效降低小微企业综合融资成本，最终解决小微企业融资缺口是促进小微企业发展的必要举措，体现共享发展理念，是深化金融供给侧改革的重要举措。

综上所述，中国当前经济与金融发展的新阶段背景下，小微企业的发展面临的诸多挑战和障碍中，最为突出的是融资难融资贵的问题。首先，因为小微企业自身的原因，例如，贷款呈现"小、短、频、急"的特征，抵质押物不足，"硬信息"不足等①，很难从商业银行等传统金融机构获得资金支撑；其次，商业银行等传统金融机构因信息不对称、风险控制难等原因，为小微企业提供贷款的积极性不足。相关小微企业扶持政策的出台与商业银行等传统金融机构在支持小微企业融资的创新，并没有使小微企业融资困境得到根本解决，这将会影响实体经济的发展。因此，当前阶段开展微金融支持小微企业发展研究具有重要意义。

二、研究意义

基于小微企业在中国国民经济发展中的重要性，以及其当前面临因新冠肺炎疫情而加剧的融资困境所导致的脆弱性，开展微金融支持小微企业发展研究，完善多层次、差异化、可持续的微金融体系，加大对小微企业发展的支持力度，可以使得微金融机构在实现自身可持续发展的同时，促进小微企业的快速发展和升级，也可以为制定小微企业发展的相关政策提供借鉴，具有一定的理论意义和实践意义。

（一）理论意义

1. 完善微金融支持小微企业发展的效应机理

本书试图应用信息不对称理论、长尾理论、企业发展阶段周期理论等理论，在对微金融的从为弱势群提供金融支持的小额贷款逐渐拓展到普惠金融的概念的演进轨迹进行分析的基础上，搭建微金融需求侧（小微企业）、微

---

① 布特（Boot，2000）和斯泰恩（Stein，2002）指出，"硬信息"一般指的是易获取、易量化、易验证的信息，而"软信息"一般指将银行通过与借款人多次打交道所获得的不易量化、不易传递的定性信息。

金融供给侧（各类金融机构）、管理侧（政府与监管部门）三方分析框架，目的是将原有的基于相关主体的理性出发的研究扩展到基于相关主体的能力与动机两个方面，在分析微金融演进的内在机理的基础上，进一步分析微金融支持小微企业发展的效应机理。

2. 丰富金融深化理论

小微企业的融资难、融资贵的问题是国内外学术研究的焦点，在几十年的研究中，逐渐发展出麦克米兰融资缺口、信贷配置、"质量逃亡"等理论。数据、云计算以及区块链技术融入金融领域，有效地降低了信息处理成本、提高了信息生产效率，有助于缓解微金融需求侧、供给侧和政府与监管机构侧的信息不对称，尤其是微金融服务供需两侧的信息不对称。因此，金融科技应用于构建智能风控体系，创新了金融服务模式，带来了越来越多的针对小微企业需求的金融产品和服务，丰富了小微企业融资渠道，降低了小微企业的融资成本。这在一定程度上破除了"金融抑制"，丰富着金融深化理论，进一步指导和推动微金融服务发展，为宏观金融政策的制定和实施提供了一定依据。

（二）现实意义

小微企业在稳增长、扩就业、促创新等方面发挥着重要作用，而微金融支持是激发小微企业活力、助推小微企业成长壮大的重要力量。

1. 微金融支持小微企业发展有利于稳就业、保民生

就业是最大的民生。小微企业是中国就业的最主要的渠道。截至2021年4月末，全国小微企业总数超过4400万户、个体工商户超过9500万户，成为解决中国就业的主力军。2021年一季度，活跃的小微经营者平均创造就业岗位约5.9个[①]，可以看出，尽管小微企业是中国社会经济发展的毛细血管，但却是解决就业的中坚力量。同时，小微企业因其规模较小而具有脆弱性。

当前中国处于经济下行阶段，大多数小微企业面临市场有效需求不足、原材料和用工成本上升等困难，最大的现状就是"钱荒"，小微企业利润超薄或亏损，必须靠金融机构借贷或社会融资才能活下来，只要银行一抽贷，小微企业没有现金流，立刻就会面临停工停产的窘境，就会导致大量的失业。如果大

---

① 北京大学企业大数据研究中心、北京大学中国社会科学调查中心、蚂蚁集团研究院和网商银行，研究成果即《中国小微经营者调查2021年一季度报告暨2021年二季度中国小微经营信心指数报告》。

量的人员失业，他们的收入得不到保障，就会成为民生问题。尽管现在有失业保障金，但在小微企业就业的大量员工是没有纳入失业保障范围里的农民工。一旦失业，他们的收入就会下降，甚至生活出现困难，即使已经脱贫的也会有返贫的风险。疫情的冲击扩大了社会经济的不平等，对底层民众的影响是最大的。当前对小微企业加强精准的金融支持具有现实必要性，可以保障小微企业生存下来，发展下去，安置农村富余劳动力，进而发挥稳就业、保民生的作用。

2. 微金融支持小微企业发展有助于畅通生产、流通环节

新冠肺炎疫情的冲击使原有的"大进大出，两头在外"的经济大循环战略不可持续。当前中央提出要形成以内循环为主的、国内国际双循环的经济发展格局。如果说经济是一种生态系统，这种生态系统的良性循环离不开小微企业。小微企业在现代经济体系中充当大中型企业的配套角色，与大中型企业共生共同构成了经济生态系统。如果小微企业出现大量倒闭，就意味着经济生态遭到破坏，产业链和供应链就会受阻。当前环境下，通过以内循环为主的双循环战略，大力开辟内需市场，关键是促进小微型企业的不断发展。创建友好的小微企业融资环境，有助于经济内循环的形成，实现国内产业链、供应链的畅通。因此，开展微金融支持小微企业发展的研究，对小微企业快速融入国内国际经济双循环体系，具有重要意义。

3. 微金融支持涉农小微企业发展有助于实现乡村振兴

世界百年未有之大变局再加上新冠肺炎疫情的发生，严重影响了原本在应对金融风险、市场风险等风险方面能力就较弱的小微企业，尤其是对于还容易遭受地理风险、气候风险等影响的涉农小微企业来说，影响更大。由于当前在涉农金融服务中存在微金融供给结构的不均衡，使得涉农小微企业的金融服务需求在一定程度上不能够被充分满足，因此，涉农小微企业的金融服务能否获得的问题成为当前乡村振兴进程中亟待解决的重点问题之一。

家庭微型经济是国计民生的基石，大部分是涉农小微企业。发展家庭微型经济是乡村振兴的重要途径之一。① 家庭微型经济的主要形式为小农经济、个体工商户和微型电商等，这些家庭微型经济，具有极强的生命力，吸纳了超过 2/3 的劳动力，还具有传承家庭文化的价值。家庭微型经济的融资需求

---

① 中国普惠金融研究院（CAFI）完成的《家庭微型经济融资与乡村振兴研究报告》中提出了这一观点。

具有"短、小、频、急"的特点。一方面由于缺乏抵押物或担保、经营者金融素养较低；另一方面由于分布分散，增大了从银行贷款的难度。在当前乡村振兴战略的指引下，微金融助力乡村振兴应聚焦重点领域和薄弱环节，创新金融服务模式和产品，不断完善差异化信贷政策，并加快布局高科技农业、生态休闲农业等，有助于创造新增就业、实现美好农村家庭生活。

总之，金融的职能是服务实体经济发展、支持现代化经济建设。为充分发挥金融的职能，当前需要不断进行金融领域系统性的改革。一方面，通过发展各类微型金融机构、增加更多的优质微金融机构（包括互联网金融供给主体），来增加小微企业金融服务供给；另一方面，提高股权和债券的融资占比。改革的关键是要大力发展股权融资，加大债券市场支持力度，目的是使小微企业金融服务可获得性能够不断提高，进而缓解其融资问题。对微金融支持小微企业发展进行系统性和科学性的分析，不断完善小微金融服务的供给结构，促进微金融产品和服务的供给与微金融产品和服务的需求之间逐渐相匹配与相适应，进而激发小微企业转型发展的内生动力，使其强大起来。

第二节 微金融支持小微企业发展研究的文献综述及评价

一、国外文献综述

国外对中小（微型）企业融资问题的关注起源于英国。1931年"麦克米伦缺口"（Macmillan gap）首次集中阐述了小微企业的融资困境问题，认为英国中小企业发展过程中的融资需求难以满足，资金供给方不愿意按照其希望的条件提供资金，造成较大资金缺口。此后，国外开始就小规模企业融资问题展开大量研究。

（一）对小微企业融资难原因的研究

国外学者对小微企业融资难原因的研究主要从信贷配给和信息不对称的角度展开。影响力最大的信贷配给模型是斯蒂格利茨和维斯（Stiglitz and

Weiss，1981）的 S-W 模型。该模型认为银企间存在信息不对称，会引起利率提高的逆向选择和道德风险等问题。银行在获取企业信息和监督企业行为方面需要付出高昂的成本，就需要通过在利率和抵押品方面的设计来保证自己的利润最大化。当银行是否发放贷款的决定因素不完全取决于贷款利率因素时，就需要通过一定的信贷配给制度来实现竞争情况下的均衡状态。即银行会在权衡企业信用与价格因素的基础上进行信贷资金的配置，一般来说，信誉度较高的贷款者更容易获得贷款，而信誉度较低的企业难以得到贷款。威斯通（Weston，1998）着重研究了银行规模、银行合并与中小企业融资之间的关系，认为随着银行规模和复杂性的递增，向中小企业贷款会出现组织不经济。随着规模的进一步扩大，银行的资金实力更加雄厚，而内部管理层级也会更加复杂和低效率，因此大型银行会将更倾向于向大型企业提供贷款，给中小企业提供贷款支持的意愿就会降低。2017 年世界银行的报告《解决中小企业融资问题》（*Addressing the SME Finance Problem*）则从需求和供给两个方面指出了导致中小企业银行信贷的可得性较低的原因。其中，供给方的原因主要在于市场的不完善，金融机构难以评估中小企业的信用，使得即使中小企业具有较好的投资项目，却不一定能够得到所需的外部融资支持；需求方的原因主要在于中小企业自身因素，如抵押物不足、信用条件差，在缺少政府等部门的信用担保或补贴的条件下，银行等金融机构不愿意为中小企业提供融资。两个原因中，供给方的原因对小微企业融资的影响更大。在 2017 年之前，高收入国家、中等收入国家和低收入国家的中小企业因缺乏抵押物或信用证明不足导致贷款需求得不到满足的比例分别为：20%、28%、44%。[①]

此外，凯文（Kevin，1993）认为从经济功能、相对风险、支付方式、债权人与股东间的经济利益冲突等维度解释银行与企业之间融资缺口和契约冲突。柏格和乌德（Berger and Udell，1998）基于生命周期的理论，指出企业在不同的发展阶段的融资结构会受到企业资产规模、资金需求及信息约束条件的影响。伯林和麦斯特（Berlin and Mester，1998）认为小微企业信息不对称程度较高，导致中小微企业及经营者融资难及融资贵等问题。

---

① 2017 年世界银行报告 . 解决中小企业融资问题［R］. 2017.

(二) 缓解小微企业融资难的研究

缓解小微企业融资难的研究针对缓解银企信息不对称方面。班纳吉等（Banerjee et al., 1994）提出了"长期互动"假说，认为中小金融机构通过与中小微企业保持长期的业务往来关系，会不断提高对中小微企业经营状况的了解程度，掌握更多关于企业的信息，这将帮助解决双方的信息不对称问题，并形成一种"长期互动"的良性关系。柏格和乌德（Berger and Udell, 1995）指出小微企业由于信用等级低、无法提供合格有效的抵押物，在传统的信贷模式中很难获得银行授信。但在关系型贷款中，由于银行对小微企业及企业主的长期相处，了解其实际财务情况，可以减少信息不对称，控制融资风险，缓解小微企业因自身资质不够而难以获得银行信贷支持的困境。威斯通（Weston, 1998）指出，由于中小金融机构的业务范围和客户基础主要立足于营业机构所在地，可以通过与中小企业建立长期合作关系、保持获得"软信息"的成本优势，因此也更适合为中小企业提供融资支持，更加有利于促进中小企业发展。这一理论得到了很多西方国家的认可，引起了行政和金融监管机构对中小金融机构的关注，使其成为完整金融体系中的一个重要组成部分。

在通过团体贷款模式，缓解信息不对称的研究主要有，孟加拉国的格莱珉银行（Grameen Bank）在小额贷款方面的尝试获得了成功，引发广泛关注和借鉴。通过团体贷款模式，利用借款人之间的共同合作、相互监督，可以减少信息不对称，有助于解决小微企业融资难与融资贵的问题。此外，贝克（Beck, 2008）指出与银行有较好合作关系的中小企业在贷款上有更多的优势。

(三) 对金融支持与经济增长、小微企业发展之间关系进行的研究

1. 金融支持促进经济增长的研究

持有金融支持促进经济增长与企业发展这一类观点的学者的研究主要有：戈德史密斯（Goldsmith, 1969）对35个国家长达上百年的金融发展及金融结构现状进行了统计分析和比较研究，从而奠定了金融结构理论的研究基础。他认为建立有效的金融机构体系和金融政策组合可以最大限度地促进经济增长。金和莱文（King and Levine, 1993）、莱文（Levine, 1998, 1999）、莱文等（Levine et al., 2000）的研究表明，长期来看不同国家间经济增长的差别可以用金融发展的悬殊差异来解释。金融的可获得性、创新性和企业活力有

着直接关系，功能完善的金融可以促进资源配置、推动经济增长，可以更快地消减贫困。但森（Sen，2010）认为只有包容性的金融增长才对消减贫困、经济可持续发展有积极的作用，单纯追求利润回报和经济增长的金融增长，可能会造成严重的两极分化和贫富差距。

2. 融资易得性与小微企业发展的研究

持有融资易得性不一定引起小微企业的较好发展这一类观点的学者的研究主要有：史密斯（Smith，1999）基于苏格兰150家微型企业的调查数据，检验小微企业融资行为特征与企业效益表现之间的关系。研究发现，虽然总体上绩效良好的企业更容易获得各类基金支持，但皮尔逊检验、似然率检验和曼特－赫斯则检验结果表明，较高的各类基金与资本可及性并不必然引起企业更高的绩效表现。此外，企业主情愿自发地稀释个人股权也不必然能够提高企业效益。克瑞斯和奥洛夫松（Cressy and Olofsson，1997）通过对510家企业的三年期跟踪研究，研究发现制约小微企业发展的最关键因素不是单纯的融资问题，而是小微企业是否拥有一揽子金融知识和专业经验，包括管理技能和市场知识。因此，小微企业发展中最主要的限制因素是管理、劳动者技能、融资可得性和信息流。

（四）通过完善小微企业信用体系，缓解银企信息不对称方面的研究

持有完善小微企业信用体系可以缓解银企信息不对称这一观点的学者的研究主要有：戴蒙德（Diamond，1991）运用信贷配给模型分析了声誉资本的影响，认为借款人良好的信用和声誉是一项无形资产，能够赢得放贷者的信任。修斯（Hughes，1997）基于调研数据，指出英国中小企业股权融资、债权融资的缺口已经有所缩减，企业发展资金已较容易获得。通过企业互助与相互担保，减少信贷市场的信息不对称，促进中小企业发展。世界银行（WB，2018）发布的报告都强调了小微企业信用报告对小微企业融资的重要性。政府部门和相关决策者可以通过提供中小微企业信用报告的方式，来改善中小微企业向债权人提供的数据和其他相关信贷信息。其中，世界银行还对完善小微企业信用报告制度给予说明，例如，如何采集、整理和加工小微企业信用信息可以更好提高小微企业信用服务水平。吉野直行和法哈德（Naoyuki Yoshino and Farhad，2017）则从完善中小企业征信基础设施的角度指出，利用中小企业信用评级服务，解决中小企业资金供给者和资金需求者

之间的信息不对称。

二、国内文献综述

与国外的研究相比，国内学者对于小微企业融资难相关的研究起步较晚，直到20世纪90年代才开始。至此，现有关于微金融支持小微企业发展以及关于小微企业融资难融资贵的研究所形成的一系列的文献和研究成果多数是从以下几个方面展开的。

（一）微金融的定义与目标研究

国外非政府机构早在20世纪80年代，就开始在中国一些地区进行小额信贷项目试验。李凌（2014）认为中国小微金融起源于20世纪90年代政府和非营利组织主导的小额信贷项目。

这一时期关于微金融定义的研究主要有：张元红（2002），杜晓山等（2004）以及范应胜（2015）等从微金融的需求者视角指出，微型金融是专门向低收入阶层（包括贫困户在内的低收入者）提供的小额度的、持续的信贷服务活动（主要是贷款和存款服务）。微金融是基于传统正规金融体系的一种新型金融方式。刘兴赛（2012）指出，小微金融业务是指为金融资产在1000万～5000万元之间的目标客户提供的授信不超过500万元的金融业务。丁俊峰（2014）则同时从资金的需求者和资金的供给者两方面对小微金融进行界定：一是资金供给方包括提供小微金融服务的正规金融机构和非正规金融；二是资金需求方包括小微金融的服务对象即中小微企业（包括个体工商户）及城乡居民。因此这一时期，大部分商业银行将小微金融业务与汇兑、投资理财一并划分到零售银行业务范畴内。

其实，当前学界对微型金融相关概念存在一些争论。第一，关于微金融的概念。罗煜和刘相波（2014）认为尽管微金融通常与小额贷款、小额储蓄和保险联系在一起，但"微型"并不等于"小额"，强调的是其服务对象是被经济增长所抛弃的人群，而贷款小规模只是自然的结果。第二，微金融的意义与性质①。贝多广（2015）指出中国的经济结构是正立的"金字塔"，但

---

① 性质可以看作扶贫性质（福利主义）与可持续发展（制度主义）问题。

金融结构却相反，是倒立的"金字塔"。金融结构在很长一段时期内，主要是为经济结构中的塔尖提供各种金融服务。尤努斯模式在中国小微金融的实践，体现出的小微金融的意义在于：小微金融除了可以缓解小微企业融资问题，还是社会转型的有力推进器。杨姚静（2016）主要分析了微金融的目标，一方面，强调是以福利主义为宗旨、以制度主义为手段，为贫困人口提供有效的金融服务，另一方面，强调实现金融机构自负盈亏和可持续发展。第三，微金融发展中出现的目标偏移问题。目前很多学者对微金融的目标偏移导致了中小微企业和长尾客户群体融资难、融资贵的观点达成了共识。从李凌（2014）所指出的，小微金融最初是为解决欠发达地区人群和小微企业的金融服务需求的小额信贷项目，信用合作社、小额贷款公司等机构的介入，开始强调追求社会经济价值和可持续发展。再到杨婷、沈杰和周志霞（2016）所指出的，微型金融机构倾向于财务可持续性目标，违背了其为贫困人口服务的初衷，即出现目标偏移问题。王曙光（2019）则提出，金融供给主体应该坚持竞争中性原则，政府与监管部门通过对小微金融机构实施公平透明的扶持政策，通过对民营中小微企业的信贷支持，来消除因资产规模较小与以民营为主的所有制形式方面所遭受的歧视。由此可见，对微型金融相关概念存在的争论，会激发更多的研究者关注小微企业融资问题，也将会开阔缓解小微企业融资难、融资贵的相关研究思路。

（二）微金融支持小微企业发展面临的困境方面

小微企业在进入成长阶段后，其资金需求会逐步变大。如果小微企业不断增大的资金需求得不到满足的情况下，将影响小微企业进入更高的发展阶段。现有融资渠道下小微企业的融资困境是当前研究者的关注重点。

1. 从信息不对称的视角

金融机构与小微企业之间的信息不对称体现在，与金融机构相比，小微企业在自身的信息方面处于优势。林毅夫和李永军（2001）指出，国有银行天然具有的垄断性使其无法解决小企业融资难的根本问题，解决方法是利用中小银行在小企业融资上的信息优势来解决信息不对称。张捷（2002）认为，随着金融体制改革和市场经济的发展，金融机构会不断弱化对小企业融资的"规模歧视"。信息获取方面，大银行尽管可以通过分支机构获取小企业的"软信息"，降低获取信息的成本，但存在将这些信息应用到融资过程的困难。而中小银行则由于其组织结构相对简单，容易将其获取的"软信息"应用到融资过程中来。陆岷峰（2020）指出在信息不对称的背景下，商业银行通过上调利率的方式来覆盖自身的额外风险，会导致信用较好、风险程度低的优质小微企业被"挤出"，留下是希望通过承担较高利率但是风险高、还款意愿低的企业。有些商业银行由于对小微企业随意编制财务报表或包装银行所需材料的担心，会拒绝小微企业的融资申请，包括原本健康成长的小微企业的融资申请。黄益平（2021）指出，金融交易最大的难题在于处理信息不对称，以及由此造成的逆向选择和道德风险问题。由此可见，目前学术界对资金供需双方的信息不对称是导致小微企业融资难与融资贵的主要原因已基本达成了共识。

2. 从宏观或中观上对金融供给结构进行观察的视角

樊纲（2005）提出，中国对银行体制改革也应当给予更高的重视，缺少地方性、中小的、民营金融机构为地方的、中小的、民营企业服务。在宏观调控中必须要做的就是正规银行体系收紧银根贷款减少，这主要会对中小企业产生影响。巴曙松（2012）指出，经济下行背景下，小微企业盈利率下降，再加上小微企业的发展受到大企业挤出效应的影响，商业银行、农村信用合作社等机构对小微企业贷款持有谨慎态度。邢乐成和梁永贤（2013）认为，从国内金融市场环境看，商业银行仍然是中小企业寻求外部融资的主要路径，必须从制度上转变其经营理念和方法。曾宪岩和黄都（2016）指出，需要政府用改革的办法来解决小微企业发展中受经济形势影响较大导致其融资难、融资贵的问题。通过推进金融供给结构调整，增强对小微企业金融需求变化的适应性，尤其是扩大薄弱领域的有效供给。孙国峰（2017）指出，金融业仅仅依靠"量"的扩张无法做到满足实体经济多层次、多元化、多类型的金融需求，推进金融业供给侧结构性改革有助于实现有效、高效的金融供给。陆岷峰（2020）认为当前金融供给结构失调和错位是小微企业存在融资问题的重要原因。目前掌握60%以上金融资源的大型金融机构主要服务大中型企业；微型金融机构因自身力量不足导致小微金融交易成功率低。杨涛（2020）指出与看重金融服务的规模相比，金融支持小微企业发展更需要关注其结构。盛天翔、朱政廷和李祎雯（2020）指出金融科技有助于大型银行升级传统贷款技术，提升小微企业信贷供给能力，可能改变中小银行优势现象。

3. 从小微企业金融服务可得性的视角

目前，小微企业金融服务可得性的视角也是一个重要的研究视角。郭娜（2013）和吕劲松（2015），刘畅、刘冲和马光荣（2017）认为尽管中小银行、小贷公司及担保机构在一定程度上解决了小微企业融资难和融资贵问题，但对个体商户来说，覆盖面不够。中国人民银行恩施州中心支行课题组（2017）指出，由于企业贷款获得性较差和企业过度投资与自身融资能力不匹配相关；而企业融资贵与担保贷款、民间借贷以及制度性交易成本较高有关。杨涛（2020）认为，从金融服务可得性来看，交通运输、仓储和邮政业等行业可得指数均有所下降，这是因为金融机构不可能因为小微发展中遇到的问题，而放弃其市场金融原则。巴曙松（2020）认为小微企业在金融服务可获得性方面存在"二八现象"，头部小微企业融资难问题已有所缓解，但长尾小微经营者[①]，仍处于金融服务空白区。互联网银行与传统商业银行的定位不同，主要服务对象是小微企业。例如，网商银行和微众银行通过大数据风控和互联网贷款等创新性金融科技手段，采用线上渠道，把资金精准输送到现有银行体系无法触达的小店、小贩等手中，从而提高了他们的金融服务的可获得性。宫尧（2020）指出小微企业金融素养的缺失会影响小微企业金融服务可得性。一方面，由于小微企业主缺乏基本的金融知识和技能，例如不会通过管理经营数据来改善信用资质、不能获取和甄别金融信息、不能灵活采用抵质押或担保等方式促成贷款等。另一方面，小微企业因资金规划不合理或对贷款产品认知不全面而过度负债，进而增加了其经营风险。

4. 从小微企业自身存在的问题的角度

除了从资金供给者（各类金融机构）的角度阐述小微企业融资难、融资贵问题外，不同学者还从资金需求者（小微企业）的角度，针对小微企业自身存在的问题进行研究。其中，巴曙松（2012）、李若谷（2014）、陈国容（2018）、陆岷峰（2020）、宫尧（2020）等研究者一般认为小微企业存在财务信息不透明、生命周期短、小微企业主金融素养低，不良贷款率高于商业银行不良贷款率的平均值，抵御风险能力弱等方面的问题，这将导致金融机构为小微企业提供信贷服务的意愿不强。近些年来，针对小微企业自身存在原因导致的融资难融资贵的文献在不断增加。

[①] 长尾小微经营者主要是没有银行账户、与银行基本没有信贷业务往来的小微经营者。

(三) 商业银行支持小微企业发展的相关研究方面

1. 商业银行参与中小微金融的动机的视角

关于商业银行参与中小微金融的动机主要在于商业利益。这方面的研究主要有，张晓玫和赵爽（2015）因为小微企业融资利率较高，可以成为银行利润的重要来源。在金融发展"脱媒"的大背景下，大型金融机构不断进入小微企业融资市场，开始由对小微企业"惜贷"转变为小微企业金融服务体系中的重要资金提供方。李焰和施佳宏（2018）基于2007~2014年银行业金融机构的面板数据，分析结论为，除中国银监会的政策外，社会责任与商业利益均与银行开展中小微金融业务的深度有不同程度的相关性。

2. 商业银行融资风险缓释机制的视角

陆岷峰和曹梦石（2021）认为商业银行贷款不是典当式贷款，应该基于小微企业的经营与发展状况，考虑放松担保的力度。对商业银行来说，确定第一还款来源比收回小微企业的抵押财产更有意义。陆岷峰和周军煜（2021）认为当前商业银行小微贷款担保过多强调资产抵押，将风险完全转移到资产的变现上，导致轻资产的企业因没有可供抵押的固定资产而无法获得相应的信贷支持。商业银行应当更多地通过核销不良贷款的形式，体现商业银行应承担的社会责任义务。陆岷峰（2021）建议通过内源性担保来进行风险转移。因为内源性担保是小微企业以自身资源来应对市场，有利于企业注重防范风险，有利于社会融资体系的稳定。以上基于商业银行融资风险缓释机制视角的研究有助于解释商业银行为什么必须要坚持商业可持续发展的原则。

3. 小微企业与商业银行融资担保的视角

大多数的研究者认为，融资担保是破解小微企业融资困境的重要途径。中小企业担保课题组（2012）指出，中小企业担保行业作为中小企业服务体系中不可或缺的重要一环，政府部门应继续给予担保行业行政扶持，建立财政资金支持中小企业组织架构，明确中央政府和地方政府责任，提高财政支持路径多元化和体系化，达到信用担保机构行政化导向与市场化运作平衡状态。曹梦石（2020）认为小微企业应本着促进发展、提高融资成功率的原则，根据企业性质、经营类别、发展阶段来选择合适的、灵活的担保方式。徐阳洋（2020）认为小微企业经济活动都处于社会供应链之中，因此，应当综合小微企业的担保能力，大力发展供应链金融。商业银行发展供应链金融可以为小微企业解困。目前针对大量的小微企业供应链金融还没有做起来，因此，商业银行应坚持做大供应链金融，将商业信用高效、大量地转化为银行信用。欧阳文杰等（2020）认为社会第三方服务机构不发达、专业化程度不高是小微金融供给长期存在缺口的重要原因，评估、担保机构无法为金融机构与小微企业提供双方均认可的信息或信用服务。

（四）在缓解小微企业融资难、融资贵的研究方面

在对小微金融发展对策的研究上，一部分学者强调优化外部运行环境，尤其强调从完善政府相关制度等方面开展研究。一部分学者强调不断创新金融模式，从发展数字金融的角度来研究如何打破银企之间的信息壁垒。还有部分学者认为，小微企业的融资困境的解决存在先后的问题，应该是坚持解决融资难问题优先于解决融资贵问题的思路进行研究。

1. 完善相关制度等金融生态环境的视角

一般认为，金融生态环境的概念最初是由白钦先（2001）提出的。他把金融生态环境看作一种特定的环境，这种环境的容量和"净化"能力会对经济活动产生约束性影响。周小川（2005）则认为金融系统所处的外部环境就是金融生态环境，这一环境可以看作是两个层面，第一层面是由政府、立法以及司法环境组成的，是宏观层面的生态环境。例如，《商业银行法》《担保法》等法律体系是司法环境的一部分，此外，还包括执法环境等部分。第二层面是包括地区经济基础、地方诚信文化与地方政府治理等，是地方层面的生态环境。苏宁（2005）认为金融生态这一概念是基于生态学的概念产生的，主要用来形容金融系统所处的外部环境。周景彤（2018）、刘尚希（2020）从体制环境上考虑，认为应该努力提高金融体系的市场化程度，不断促进金融市场开展平等竞争，不断增加微金融产品供给。与融资贵相比，融资难更需要优先解决。因为融资难的问题如果得到了缓解，融资贵的问题就可以通过完善市场规则来进行解决。陈志武（2020）指出限制利率并不能完全解决利率高的问题，应该通过改善小微企业所在地的商业文化以及信用环境等，加强法律体制建设等，最终自然会实现借贷利率的下降。杨涛（2020）则从征信体系建设的视角进行了研究，他认为，政府在完善金融生态环境时需要注意重点推动征信体系建设。

此外，尹丹莉（2011）、徐成龙（2020）强调，对于市场前景良好的产业和建设项目给予贴息，可以通过对中小企业新增员工和培训活动给予适当补贴，即通过财政贴息等财政政策为中小企业的贷款提供保障。政府的宏观调控有助于解决信贷市场上的市场失灵问题（这一问题主要是由信贷配给和信息不对称造成的），进而营造良好的融资环境。但陆岷峰和周军煜（2019）则认为，数字小微金融应当是市场化概念，而不是慈善救济。数字小微金融不能过度依赖外在的补贴和政策支持，应该是充分发挥市场主体力量，在财务上能够自给自足的负责任金融模式。

2. 发展数字微金融的建议方面

自 2010 年以来，大数据、云计算等数字技术在金融领域的应用程度不断加深。欧美出现了 Fintech（科技金融）热潮，中国涌现出一大批互联网金融企业，不断影响着传统的金融体系，并极大地改变了终端消费者的金融消费环境。越来越多的学者开始研究如何利用新兴数字技术来提出解决小微企业融资困境的方案。

谢平、邹传伟和刘海二（2015）、王馨（2015）、谢绚丽、沈艳和张皓星（2018）、黄益平（2021）等认为，数字技术可以帮助数字金融机构低成本、高效率地获取小微企业等"长尾"客户群的相关信息。金融机构通过挖掘小微企业在互联网中的行为数据来打破借贷双方之间的信息壁垒，以此作为信贷决策的依据，并控制信贷风险。对于小微企业来说，因数字技术的应用而获得贷款，可缓解其融资约束。胡美军（2018）指出，通过不断完善小微企业融资的基础设施，运用大数据、云计算、区块链技术手段等可以攻克小微金融服务中的技术难题。陆岷峰和周军煜（2019）认为数字小微金融是小微市场未来的方向。刘尚希（2020）强调互联网金融公司和传统金融机构之间的合作：规模不断快速增长的互联网金融公司和传统金融机构联合贷款；互联网金融公司给传统金融机构银行提供数字引流服务，大大降低了传统微金融的高成本和高风险，有助于金融机构在提供金融服务时实现商业的可持续性。蔡乐才和朱盛艳（2020）则从微观层面进行了研究，研究内容是数字金融对小微企业创新发展的影响。他们对中国小微企业调查数据和北京大学数字普惠金融指数进行分析，指出当前数字金融的发展在促进小微企业的创新倾向方面具有显著性。

3. 发展微型金融机构的建议方面

杨先道（2014）在对摩洛哥、孟加拉国及印度等国家和机构案例进行分析的基础上，指出中国应构建多层次、多方位、可持续的微型金融服务体系。金融机构要进行布局规划，避免过度竞争，注意解决资金的来源问题，促进微金融利率公平合理。庄家慧（2018）指出，加强金融机构内部管理，提高治理水平来构建完善的微型金融体系。朱武祥和李明等（2020）指出，微金融机构未来需要借助新技术和新手段建立长效机制，不仅在疫情期间为小微经营者纾困，而且能长期支持小微经营者健康发展。

三、文献综述评价

上述国内外关于微金融支持小微企业发展的文献大都认为市场失灵和资金供需双方的信息不对称是导致小微企业融资难、融资贵的重要原因，从小微企业、金融机构、解决信息不对称的配套设施等不同视角对小微企业金融困境与解决措施等进行了分析，为本书深入研究微金融支持小微企业发展奠定了良好的基础。

现有文献的几处不足之处在于：第一，现有的文献在如何开展金融供给侧结构性改革研究的关注点开始从大中型银行业金融机构转向地方金融机构，包括城市商业银行、农村商业银行等，这方面的研究为构建多层次的微金融体系奠定了理论基础。但是当前文献研究中存在的问题是，研究者对于金融供给侧结构性改革和微金融发展的研究通常是割裂的，两者之间缺乏深层次的融合考量。第二，原有对中小微企业资金支持的研究主要是强调如何从量上满足小微企业的资金需求；而从资金供给结构的视角开展的研究较少，即使有些研究者基于资金供给结构的视角进行了研究，但其中大都是从宏观或中观层次开展研究的，从微观视角开展如何满足千差万别的小微企业的金融需求，如何使资金能够高效到达小微企业的研究较少。第三，针对目前微金融服务覆盖面窄、可得性低的现状，缺少深刻反思各金融机构在为小微企业提供服务时自身所存在的不足之处的研究，同时，缺少从微金融的管理侧包括对相关扶持小微企业发展政策的有效性等方面的研究。

近些年小微企业融资难、融资贵问题难以得到根本性解决，表明其并非简单的资金供需问题，而是多方面因素共同影响的结果。为此，本书将在已有相关研究的基础上，综合考虑中国经济体制、法律制度、财政金融政策、金融基础设施建设等金融生态环境建设方面的实际情况，搭建微金融需求侧（小微企业）、微金融供给侧（各类金融机构）、微金融管理侧（政府与监管部门）三方分析框架，尝试从微金融的需求侧出发，重点分析微金融供给侧针对需求特点进行微金融产品和服务设计，微金融管理侧不断完善相关金融生态环境与支持金融科技发展，逐步完善多层次、差别化、可持续的微型金融体系，来支持小微企业健康发展。

第三节 微金融支持小微企业发展的研究对象和研究内容

一、研究对象

（一）微金融

1. 国际上微金融的概念及演进

微金融（microfinance）的概念源起于孟加拉国的农户小额信贷（microcredit）。孟加拉国吉港大学发展经济学教授、诺贝尔和平奖得主穆罕默德·尤努斯在1976年首次提出小额信贷理论并发起研究，而后在发展中国家普遍实施。穆罕默德·尤努斯的"有偿的帮助才是真正帮助穷人"的理念与首创的孟加拉乡村银行（grameen bank）模式，对发展中国家的小额信贷行业与扶贫工作产生了深远影响。孟加拉乡村银行成立于1983年，截至2005年已向400万人发放近50亿美元的贷款。其主要服务对象是该国个人，特别是其中的贫困农户。1997年2月，在美国首都华盛顿召开的世界首脑高峰会议高度评价了小额信贷在社区发展和扶贫中的作用，倡议采取有效措施，使世界13亿贫困人口中的8亿人口，都能够使用小额信贷。

1990年之后，国际上的减贫热潮，使政府部门和金融机构发现，对于贫困地区和低收入群体来说，缺乏的不仅仅是资金，缺乏的还有多方位的金融服务。所以，小额信贷逐步从原来的仅提供小额贷款向提供全面金融服务的微金融过渡。最权威的微金融研究和推广机构是世界银行发起设立的扶贫咨询委员会（CGAP）。在这一时期，微金融最初的客户主要是以女性为主的城镇和农村贫民以及微型企业，提供的金融服务主要是资金借贷与保险等。微型贷款是微金融的最核心业务，具有较强的扶贫性质，其特点主要有：服务对象以贫民为主，提供的贷款一般数额小，灵活采用多种形式。近年来，微金融的广义概念在理论上逐渐成为中介理论的分支，强调对如何缓解小微企业融资困境进行指导。

联合国在 2005 年正式提出了普惠金融（inclusive finance）的概念。与微金融相比，普惠金融更强调包容性，服务对象不仅仅是穷人与低收入者等，而是扩展为社会所有的阶层。即普惠金融为整个社会中所有的阶层和群体提供全方位的服务。普惠金融的范围大于微金融，微金融实际上是普惠金融的一个重要组成部分。

微金融无论是外延还是内涵都在不断扩大，微金融服务的广度和可获得性越来越被政府部门重视。目前微金融注重让穷人和低收入者等能够以较低成本来获得充分的资金。这意味着原有的资助分散的微金融机构及其金融创新开始转向建立包容性的金融体系。同时，普惠金融中的不同微金融服务供给主体可以充分发挥各自的比较优势为穷人、低收入者以及小微企业提供服务。

2. 本书中微金融的概念

微金融在中国已有四十几年的发展历程，从改革开放初期，国际社会对中国贫困地区发展、贫困农民脱贫、生态环境保护等不断给予关注和援助，其中小额信贷扶贫逐渐成为其援华的重要形式之一。1998 年开始中国政府高度重视小微企业，国家正规金融机构开始介入微金融，微金融的行为主体初期是以规模相对较小的中小金融机构农村信用社为主。至 2005 年中国正式提出要积极培育和发展微金融。

随着微金融体系的扩大，微金融的定义、内容已被泛化。国内微金融可定义为专门向小微企业、小微企业主、创业者、个体工商户、家庭经营、农户等提供的小额度的且可持续的金融产品和服务的活动。本书中微金融旨在强调对传统金融模式难以覆盖的小微企业、小微企业主（含个体工商户）[①]

---

① 小微企业、小微企业主（含个体工商户）统称为小微企业。

提供金融服务，强调传统金融以及互联网金融服务对象下沉。微金融的宗旨应该是在金融生态环境（包括完善微金融基础设施、法律制度体系、征信体系、担保体系）不断完善的前提下，降低微金融供给侧与需求侧的信息不对称程度，更好地满足小微企业的金融需求，最终实现普惠金融。

（二）小微企业

小微企业是生产、经营规模较小的企业（与大型、中型企业相对比），是小型企业、微型企业、家庭作坊式企业、个体工商户等的统称。世界各国对于小微企业的称谓不同。

国家工信部中小企业局于2021年4月23日对外下发《中小企业划型标准规定（修订）》公开征求意见（以下简称《征求意见稿》）。2021年中小企业划型标准的评判指标与2011年基本一致，但最大的区别在于，由2011年双指标"仅需满足一项"变成双指标"必须同时满足"。认定标准由"或"变为"且"的调整主要是因为近十几年来经济不断增长，各行业的发展规模呈现较快增长。同时，考虑到认定标准由"或"变为"且"的重大政策影响，国家工信部在政策文件中提出，各行业各类型企业比例与2011年《划型标准》制定时的大中小微企业类型分布比例相对稳定，中小企业特别是小微企业分布维持相对合理比例。此外，所有行业的规模（限额）以上企业中将不再含有微型企业，微型企业均为规模（限额）以下企业。这次标准的重新修订，或将在一定程度上压缩微型企业的发展规模。这项条款影响银行业对微型企业的认定、影响其发展"首贷户"、开展微贷业务，影响银行业规划小微企业信贷的客户量，利好处于初创期的小微企业与个体工商户群体。

与大中型企业不同，小微企业的特征主要有：数量极大，广泛分布于城乡；具有顽强的生命力，灵活采用多种形式；生命周期相对较短，生产发展过程中面临的不确定性较大；小微企业主自身通常守信等。此外，大部分小微企业还具有明显的家庭经济特征。与大中型企业相比，小微企业在经营管理方面的特征体现在：小微企业因抵押财产不足，不能采用资产抵押的风险控制策略；规范的财务记录缺乏，不易进行风险评估；不良贷款率相对较高等。小微企业自身的主体特征及其生产经营管理特征共同决定了融资问题是影响小微企业能否生存下去或者能否发展壮大的重要问题。小微企业的融资特征表现为：金额小、时间短、用款急等；融资需求是一种同时具有生产经营和生活消费的混合属性的需求；整体来看，融资需求比较分散、小微企业主不能正确认识自己的资金需求；不少小微企业经常需要求助于民间借贷等。小微企业的以上特征与现代公司治理理论的要求相差很远，因此，小微企业更容易陷入融资困境。鉴于小微企业的重要性，小微企业及其融资问题成为近些年的研究热点。

二、研究内容

本书基于信息不对称理论、长尾理论等，在考察国内外微金融支持小微企业发展实践的基础上，结合中国国情，综合采用文献研究法、比较分析法和典型案例分析等方法，首先对微金融的概念、微金融的需求主体与供给主体进行了界定；接着分析了当前微金融支持小微企业发展的现状及其存在的问题；重点是考虑到金融生态环境建设现状，基于经济学的供需模型，搭建微金融需求侧、供给侧、管理侧三方分析框架来分析制约微金融支持小微企业发展的因素；随后分析国际支持小微企业发展方面的经验与启示；最后分别从微金融的需求侧、供给侧以及管理侧提出针对性的微金融促进小微企业发展的建议。

第一章导论。首先介绍了微金融支持小微企业发展的研究背景和研究意义，然后对微金融支持小微企业发展的国内外文献进行了梳理与评价，最后介绍了微金融支持小微企业发展的研究对象和研究内容等。

第二章微金融支持小微企业发展研究的理论基础。主要分析了信息不对称理论、长尾理论、可持续原则、企业金融成长周期理论等相关内容及其在金融领域中的应用，为微金融支持小微企业发展研究奠定了理论基础。

第三章微金融需求主体与供给主体概述。首先从小微企业主体自身方面、经营管理方面、经营风险方面、融资需求特征方面进行了分析。其中，小微企业的融资特征是分析的重点。然后介绍了微金融供给主体及其功能定位。主要介绍了大型商业银行在服务"头部小微"方面的绝对优势；地方金融机构向基层、向小微企业包括涉农经济体进行延伸的天然优势；其他微金融供给主体如小额贷款公司，侧重于将数字技术应用到金融服务的特点。最后介绍了微金融的三个发展阶段以及微金融的三种主要模式，并对这三种模式进行了比较分析。

第四章微金融支持小微企业发展的现状与问题。首先分析了小微企业融资困境的改善情况。主要从小微企业获得的资金总量在增加而付出的代价在变小，小微企业的微金融服务获得感和便捷性得到了提升，各金融机构为支持小微企业发展所做出的改变，相关财税政策、金融政策以及法律保障制度的完善，小微企业融资担保业务风险分担体系持续完善，征信体系建设及小微金融征信服务进展较好，已形成多层次资本市场体系等方面进行深入分析。然后分析微金融支持小微企业发展中存在的多方面的问题。从融资需求缺口来看，大量小微企业的融资需求缺口在不断增大；从融资结构来看，存在直接融资所占比例较低的情况；从融资渠道来看，渠道相对来说比较单一；从融资要付出的代价来看，综合成本还是过高；从贷款难方面来看，存在首贷难、信用贷款难的问题；从对微金融服务的满意度来看，小微企业的满意度低，且议价地位低；从金融资源供给结构来看，存在供给对象和供给地区的不平衡。

　　第五章微金融支持小微企业发展的制约因素分析。本章基于经济学的供需模型搭建微金融需求侧（小微企业）、微金融供给侧（各类金融机构）、微金融管理侧（政府与监管机构）三方分析框架对微金融支持小微企业发展的制约因素分析。首先，基于微金融需求侧进行了制约因素分析，主要从小微企业因自身因缺乏抵质押物、财务管理不规范等经营特征导致的贷款难、因金融素养低带来的融资渠道不足等方面进行深入分析；其次，基于微金融供给侧进行了制约因素分析，主要从商业银行等金融结构"不敢贷、不愿贷"、微金融机构提供的金融产品与小微企业的融资需求不匹配等方面进行深入分析；最后，基于微金融管理侧进行了制约因素分析，主要从当前扶持小微企业金融政策的可触达性不高，微金融服务生态环境体系不够完善等方面进行深入分析。

　　第六章微金融支持小微企业发展的国际经验与启示。从国际经验看，美国、德国、日本等发达国家由于金融市场发达，较好地解决了小微企业融资难的问题。通过美国、德国、日本等发达国家在支持小微企业发展方面的实践经验，以期为中国微金融支持小微企业发展提供具有参照价值的国际视角。然后在对美国、德国、日本等国家微金融支持小微企业发展的国际经验的基础上，分析了其对中国微金融支持小微企业发展的相关启示。

　　第七章微金融支持小微企业发展的建议。本章在对第五章微金融支持小微企业发展的制约因素分析与第六章微金融支持小微企业发展的国际经验与启示进行分析的基础上，从微金融需求侧、微金融供给侧以及微金融管理侧提出针对性的促进微金融支持小微企业发展的建议和措施。对于微金融需求侧，重点从提升小微企业自身能力与金融素养等方面进行分析；对于微金融供给侧，主要从金融机构转变意识、开发与小微企业融资需求与特征相匹配的产品和服务、将金融科技应用于小微金融场景中、创新金融服务模式等方面提高微金融服务质量和能力；针对微金融管理侧，主要从完善微金融支持小微企业发展的政策环境与监管体系，完善微金融生态环境，包括引导小微企业加强信息化建设等、引导金融机构充分利用金融科技来支持小微企业发展、拓宽小微企业融资渠道等方面指出微金融管理侧在促进微金融支持小微企业发展方面应作出的努力。

第四节 微金融支持小微企业发展的研究方法和创新之处

一、研究方法

本书根据研究主题，借鉴信息不对称理论、企业金融成长周期理论、商业可持续原理、企业金融成长周期理论等相关理论，在考察国内外微金融支持小微企业发展实践的基础上，结合中国国情，综合采用文献研究法、比较分析法和典型案例分析等方法，进行了一系列规范分析，主要是用来解决理论中的命题，为微金融支持小微企业发展树立一定判断标准。本书在对微金融支持小微企业发展研究中，重点从微金融需求侧、微金融供给侧、微金融管理侧对制约微金融支持小微企业发展的因素进行规范分析，并分别基于微金融需求侧、微金融供给侧、微金融管理侧提出微金融支持小微企业发展的具体建议。本书主要采用的研究方法如下：

（1）文献研究法。本书对国内外大量关于微金融支持小微企业发展的文献进行了梳理，发现大部分研究者认为小微企业融资难、融资贵的原因在于市场失灵和资金供需双方的信息不对称，因此从小微企业、金融机构、解决信息不对称的配套设施等不同视角对小微企业金融困境与解决措施等进行了分析，这为本书深入研究金融支持小微企业发展奠定了基础。但是从微观视角对于如何让资金"精准直达"，满足各种各样的小微企业的金融需求等进行的研究较少；而且缺少深刻反思各金融机构在服务小微企业时自身所存在的不足之处以及相关扶持政策的有效性等方面的研究。

（2）比较分析法。本书在第五章通过对美国、德国、日本等发达国家在支持小微企业发展方面的实践经验进行比较分析，以期为中国微金融支持小微企业发展提供具有参照价值的国际视角。总的来说，与美国、日本、德国等发达国家的小微企业融资结构相比，中国的融资结构仍有待进一步完善，需要结合中国的国情，领会国际经验对中国微金融支持小微企业发展的相关启示。

（3）典型案例分析法。例如，在分析微金融模式时以台州银行为例，在分析中小银行功能定位时以宁波银行为例，以期为促进中国中小银行在支持小微企业发展时给予借鉴。

二、创新之处

基于信息不对称理论与长尾理论，在供求模型的基础上，综合考虑中国经济机制、法律制度、财政金融政策、金融基础设施建设等金融生态环境建设方面的实际情况，搭建微金融需求侧（小微企业）、微金融供给侧（各类金融机构）、微金融管理侧（政府与监管部门）三方分析框架，对制约微金融支持小微企业发展的因素进行规范分析，尝试从微金融的需求侧出发，重点强调微金融供给侧针对小微企融资需求特点进行微金融产品和服务设计，管理侧不断完善相关金融生态环境与支持金融科技发展，逐步完善的多层次、差别化、可持续的微型金融体系，增加有效、高效金融供给，大力支持小微企业发展。

本 章 小 结

在当前以数字经济为特征的新时代背景以及经济高质量发展的阶段背景下，小微企业的发展，更离不开金融的支持。在目前金融领域一方面存在

"中小企业金融抑制"现象,另一方面在金融过度扩张的情况下,小微企业的发展也面临着诸多挑战,其中最为突出的是融资问题。

(1) 研究意义。考虑到小微企业对中国经济社会发展和稳定所起的基础作用,以及其当前面临因新冠肺炎疫情而加剧的融资困境所导致的脆弱性,亟须加大对小微企业发展的支持力度。从微金融支持的角度进行研究,既可以实现微金融机构自身可持续发展,也可以促进小微企业由小变大、逐渐变强,还可以据此制定促进小微企业发展的相关政策。该研究的理论价值体现在:第一,基于微金融相关主体的理性出发的研究扩展到基于相关主体的能力与动机两个方面,在分析微金融演进的内在机理的基础上,分析支持小微企业发展的效应机理;第二,丰富金融深化理论,进一步指导和推动微金融服务发展。实践意义体现在:首先,可以解决就业问题,实现地区社会稳定;然后,有助于畅通生产、流通环节;最后,对涉农小微企业的支持有助于实现乡村振兴。

(2) 文献综述与评价。国外学者对企业融资难的研究大都是从信贷配给和信息不对称的角度展开,影响力最大的信贷配给模型是斯蒂格利茨和维斯提出的 S-W 模型;对缓解企业融资难的研究,主要是针对缓解银企信息不对称方面,以班纳吉等提出的"长期互动"假说为代表;持有金融支持促进经济增长与企业发展观点的学者以戈德史密斯为代表;持有通过完善小微企业信用体系可以缓解银企信息不对称这一观点的学者以戴蒙德为代表。20 世纪 90 年代,国内学者才开始对小微企业融资难进行研究。他们的研究主要从以下几个方面展开:第一,微金融的定义与目标研究。第二,小微企业面临融资困境的原因,主要基于信息不对称的视角,基于宏观或中观上对金融供给结构进行观察的视角,基于小微企业金融服务可得性的视角以及小微企业自身存在的问题的视角等。第三,在对小微金融发展对策的研究上,一部分学者强调优化外部运行环境,从完善相关制度的视角进行研究;一部分学者从提出创新金融模式,从发展数字金融的角度开展研究;还有的学者强调解决融资问题的思路,应该是先考虑融资难问题,后关注融资贵问题。

当前文献研究中存在的问题包括:第一,研究者对于金融供给侧改革和微金融发展的研究通常是割裂的,两者之间缺乏深层次的融合考量;第二,当前从资金供给结构的视角开展的研究较少,即使有,也主要是从宏观或中观层次开展研究的,从微观视角开展如何满足千差万别的小微企业的金融需求，如何使资金能够高效到达小微企业的研究较少；第三，针对目前微金融服务覆盖面窄、可得性低的现状，较少开展反思各金融机构在为小微企业提供服务时自身所存在的不足之处的研究，同时，缺少从微金融的管理侧包括对相关扶持小微企业发展政策的有效性等方面的研究。

（3）研究对象。本书的研究对象是微金融以及微金融的服务对象小微企业。微金融主要强调对传统金融模式难以覆盖的小微企业提供的金融服务。传统金融以及互联网金融服务对象下沉是本书的研究重点。微金融服务对象是小微企业，包括小型企业、微型企业、个体工商户以及农村家庭经营户等。

（4）研究方法与主要研究内容。基于信息不对称理论、长尾理论等理论，本书在对国内外支持小微企业发展的实践经验进行总结的基础上，结合中国国情，综合采用文献研究法、比较分析法和典型案例分析等方法，首先分析了小微企业融资困境有所改善的表现，以及微金融支持小微企业发展中存在的多方面的问题；然后基于经济学的供需模型，搭建微金融需求侧、供给侧、管理侧三方分析框架来分析制约微金融支持小微企业发展的相关因素；最后在借鉴国际上支持小微企业发展经验的基础上，从微金融的需求侧、供给侧以及管理侧分别提出针对性的微金融促进小微企业发展的建议。

| 第二章 |
微金融支持小微企业发展研究的理论基础

第一节 信息不对称理论与微金融支持小微企业发展

一、信息不对称理论基本概念及论点

信息不对称理论认为：市场中卖方比买方更了解有关商品的各种信息；处于信息优势的一方可以通过向处于信息劣势的一方传递可靠信息而在市场中获益；买卖双方中处于信息劣势的一方会努力从处于信息优势的一方获取所需的信息；市场信号显示在一定程度上可以弥补因信息不对称而带来的问题。这一理论可以用于解释商品的市场占有、就业与失业、信贷配给等，并成为现代信息经济学的核心，被广泛应用到从传统的商品市场到现代金融市场等各个领域。

二、信息不对称理论在金融领域的应用

信息不对称现象在现代金融领域的表现更为普遍和突出，企业骗贷、出口骗退和银行呆坏账的涌现，无不与此紧密相关。传统的金融体制及模式下，资金供给方与需求方之间存在严重的信息不对称。微金融服务中，资金供给方与需求方之间的信息不对称首先体现在资金供给方对资金需求方的信息掌握得较少。作为资金供给方的金融机构的传统信用评估方法一般依赖资金需求方的小

微企业的"硬信息",例如,小微企业资产规模、资产质量、抵押情况等财务信息,而小微企业大多资产规模小,缺少有效的抵质押担保,因此在传统金融体制及模式下无法客观反映出小微企业的信用资质。其次,小微企业财务管理不规范,无法满足商业银行严格的信贷管理要求。为了获取所需的金融资源,资金需求方可能会掩盖其不良的经营状况及风险等不利于取得贷款的因素。因为,金融机构需要在小微企业提供的相应信息数据的基础上作出是否提供融资服务的决策。但由于金融机构的工作人员数量、知识技能、投资能力,与上亿计的小微客户数量、不同的行业、不同的融资需求之间的不对等,造成金融机构与小微客户之间存在信息不对称的问题,金融机构相对于小微企业来说,处于信息劣势。金融机构在无法保证所获得真实的、完善的、充分的信息时,一般会提高风险定价,来降低其风险,但这会增加小微企业的融资成本。同时,因逆向选择的存在,使得小微客户的融资需求无法获得满足,因为商业银行倾向于将资金投向资本规模大、资产质量好的大企业或国有大型项目,使得小微企业贷款在银行贷款中的比重低于大中型企业。

此外,资金供给方与需求方之间的信息不对称还体现在资金需求方对资金供给方所提供的金融产品与服务信息掌握得较少,再加上商业银行信贷审批流程相当烦琐,这会影响小微企业融资的积极性。

通过持续优化社会信用体系,建立全国范围内的小微企业信用共享平台,形成良好的小微企业信用信息归集和共享机制,为微金融参与者提供真实透明的信息。信用共享平台提供的海量信息可以丰富信息来源,使得依托信息而进行的搜寻、谈判、缔约以及监督等方面的信息不对称程度大大降低,进而缓解因信息不对称产生的信贷风险。

第二节　长尾理论与微金融支持小微企业发展

一、长尾理论基本概念及论点

长尾理论(The Long Tail)的概念是由克里斯·安德森(Anderson,2004)最早提出的,用来描述亚马逊、谷歌等网站的商业和经济模式。长尾理论一般可以理解为，对于非热卖品来说，在能够保证其具有足够大的储存空间、足够大的销售渠道的条件下，其共同所占据的市场份额有胜过少数的热卖品所占据的市场份额的可能。

正态分布曲线可以用来对现实生活中的许多现象和行为进行描述。研究者在对处于曲线"头部"和曲线"尾部"的人或事物进行研究时，需要付出的代价不同。因为，处于曲线"尾部"的人或事物的数目众多，研究者必须付出大量的时间和财力才能够获得所需的相关信息，而相应的收益却不高。所以，在一般情况下，处于曲线"头部"的少数的人或事物比处于曲线"尾部"的人或事物更容易受到重视。

"二八定律"是帕累托（Paretto，1897）提出的，是指20%的人口享有80%的财富。现在可以理解为，主流的人或事物虽然数量较少，但是能够产生重大的、决定性的影响。在传统经济背景下，理性的厂商做出的最佳选择，通常是重点关注那些能够在20%的商品上创造80%收益的客户群。即出现厂商在进行销售时对少数"VIP"客户重点关注，而忽略人数众多的一般消费者的情况。

但在互联网的背景下，长尾理论开始改变了人们对原有的"二八定律"的认识。这是因为，在信息技术、互联网技术的帮助下，研究者对曲线"尾部"进行关注所付出的代价开始明显降低，这就会使关注"尾部"的总体收益可能会超过曲线"头部"所带来的收益。

二、长尾理论在金融领域中的应用

互联网金融在中国的实践充分证明了长尾理论在中国市场的适用性。谢平等（2015）的研究表明，在供需信息几乎完全、交易成本极低的条件下，互联网金融市场充分有效，接近一般均衡定理描述的没有金融中介，形成"充分交易可能性集合"，这种资源配置方式最有效率。

长尾理论认为，在目前以先进信息技术为主要动力的数字经济时代，基于少数人具有的知识技能，充分利用数据要素生产率的特性可以实现内生式增长。其特点：一是初始固定投入高，但边际成本递减。信息、知识等共同要素可以"零成本"从某一类产品的生产转移到另一类产品的生产，并且，大工业时代各生产要素数量都是常常丰富的且提供成本呈现逐渐递减趋势。二是互联网技术可实现销售"零成本",进而有效地提高了长尾市场的流动性,带来更多消费,实现需求方规模经济,有助于整体上实现高市场份额。

小微金融服务对象主要包括小微企业、小微企业主、个体工商户等。由于小微企业存在融资需求差异大、经济规模小、技术水平低、财务不规范等问题,导致小微企业处于融资难、融资贵的困境。其中信息不对称和市场逆向选择是导致小微企业处于这一困境的核心问题。数字科技手段为解决这一难题提供了新途径。当前通过挖掘金融生态链中的小微利基市场,已成为小微金融机构在数字金融时代的发展之道。

在金融领域传统方式下,由于银行提高优质服务的成本较高,银行一般按照"二八定律",重点关注数量约占客户总量20%的大客户,而忽视数量约占80%的长尾客户。[①]但在互联网时代,"粉丝经济""网红产品"等长尾商品却可以实现边际效用递增,即商品服务价格伴随用户总量的增加而快速上升,而这种剧增进而又会吸引更多的用户,通过正反馈使收益持续增长。在数字金融产品领域中,小微企业由于数量大,小需求也会产生大市场,因此为各类长尾客户提供个性化服务的利基市场潜在规模可观。

数字科技手段为小微利基市场带来了机遇。金融业是以货币为商品的特殊行业,特殊之处在于是以社会经济信息处理为核心商品的行业。人工智能的应用使金融机构在商业模式、数据处理、需求洞察、风险管理等方面发生了根本性变革,并使微金融机构可以开拓以小微企业为客户群的长尾客户利基市场。例如,人工智能可以承担为KYC[②]所需开展的诸多基础客服业务,可以较低的成本、较高的效率为客户画像。微金融机构可以使用人工智能、大数据,了解长尾客户需求,并通过提供个性化产品、提供更好的服务体验来吸引客户,一方面可以使得融资意愿强烈的众多长尾客户融资的边际成本递减,另一方面可以使得融资意愿强烈的众多长尾客户融资的边际效益递增,有效满足其金额小、用款急、无抵押、无担保的资金需求特点,由此吸引了

---

① 在传统经济时期,厂商主要通过主要供给方规模经济来提高劳动效率,即提供大量的、低价的产品来满足客户需求。由于货币的稀缺性,金融服务无法满足所有客户的融资需求;同时金融机构因信用风险管理成本高,很难实现边际成本递减。为实现利润最大化,传统方式下的金融机构一般选择为数量占20%,但能贡献利润占80%的大客户提供优质服务。

② KYC(know your customer)政策,充分了解你的客户,即了解微金融客户的相关信息。

大量的小微企业、个体工商户及个人客户。当然互联网金融企业的市场份额迅速扩大的同时，可能在一定程度上会冲击传统金融机构的市场地位。另外，互联网金融只是通过互联网连接金融产品和服务的供给和需求两端，使双方交易具有虚拟性。交易双方的信用信息如何识别和证实，客户信任如何确立？这都是需要重点研究的问题。

所以，在本书的研究中，长尾理论是研究互联网金融机构支持小微企业发展的理论基础。在此基础上，针对中国互联网金融服务对象的"长尾"分布这一显著特点，具体研究在互联网时代，如何构建多层次的小微企业融资体系，实现微金融支持小微企业发展的目的。

第三节 可持续发展与微金融支持小微企业发展

一、可持续发展基本概念及论点

世界环境与发展委员会定义的可持续发展的概念：既满足现代人的需求又不损害后代人满足需求的能力。一般来说，可持续发展的能力建设包括管理、法制、政策、科技、教育等方面的内容。一个国家的可持续发展依赖其国民通过技术的、观念的、体制的因素表现出来的能力，这种能力建设是实现可持续发展目标的保证。

二、可持续发展在金融领域的应用

结合可持续发展概念和可持续发展目标，可持续金融可以理解为可以支持国际可持续发展目标的实现，帮助经济社会实现可持续发展的金融手段和体系。G20指出可持续金融是为有助于实现强大、可持续、平衡和包容的融资以及相关制度和市场安排，通过直接和间接方式支持国际可持续发展目标框架（SDGs）。金融要实现可持续发展，就需要金融体制和金融机制随着经济的发展而不断调整，从而合理有效地动员和配置金融资源，提高金融效率，目的是实现经济和金融在长期内有效运行和稳健发展。①

依据金融可持续可以引申出金融机构的商业可持续发展，主要是指银行和非银行金融机构在提供金融服务时，能够获取相对持续、稳定的合理利润，即在以盈利为目标来保证自身可持续发展的同时，适当考虑其应该承担的社会责任，即服务于实体经济。微金融服务发展的核心是要在提升微金融供给侧的风险管控能力的基础上，增强微金融服务的质量和能力，这才是微金融机构应该具备的专业优势和本领，这才能真正地坚持商业可持续原则。

纯粹从慈善的角度不计成本开展小微金融服务是不符合商业可持续原则的。当前，为鼓励银行加大对小微企业的支持，加大信用贷款的投放力度，央行和监管部门近些年陆续出台了一系列的政策和工具②，再加上监管部门的催促，这并不意味着，微金融支持小微企业是不讲商业持续性的政治任务。③

小微信贷利率由四大成本构成，其中，资金成本是相对外生的，并不能够完全由银行自身所决定。因此，对于小微信贷利率的研究重点主要在于业务成本和风险溢价。要想实现微金融的商业可持续性，微金融服务的供给者收取的小微信贷利率，在扣除资本成本、业务成本、风险溢价后，还应留有相对稳定的合理利润（如1%）。因此，商业可持续原理成本计算公式为：合理利润＝信贷利率－资金成本－业务成本－风险溢价。关键是用技术手段完成信息生产工作后，能把业务成本、风险溢价控制在合理水平内，以便留存合理利润。业务成本指银行和非银行金融机构提供微金融服务所需要的成本，又分为固定成本和变动成本。固定成本指放款人运营所必要的支出成本，由于小微客户的单笔业务量较小，为了覆盖固定成本需要尽可能多地去拓展客户，但同时会产生更多的变动成本。很多时候由于信息生产成本太高，导致业务难做，引起小微企业融资难或融资贵的局面。小微企业群体分布于百业百态，风险高低不同，高度分散。因此从中找到目标客群、选出低风险企业

---

① 白钦先，丁志杰．论金融可持续发展 [J]．国际金融研究，1998（5）：28－32．
② 嵇少峰（2020）随着中央不断加大对小微企业信贷投放的政策引导，监管部门激励和严厉监管等政策，使得银行业小微信贷量升价跌。
③ 中国银保监会普惠金融部主任李均锋2019年6月13日在第十一届陆家嘴论坛（2019年）上表示，商业银行的小微企业金融服务实现了高质量发展。支持小微企业发展的金融服务，需要坚持一定要建立在商业可持续的原则，而非运动式、政策性、慈善性的，关键是解决成本、风险、信息不对称问题。

的成本非常高。由此也能看出，如果政府将利率定得极低，则很难覆盖合理的业务成本和风险溢价，银行在面对这种情形时，只能选择放弃小微业务。即如果以传统银行的信贷模式开展小微业务，在商业上难以保证银行持续经营小微业务。小微企业"融资贵"，即利率高的客观原因也在于其信贷业务的成本、风险溢价太高，当利率高到一定程度后信贷业务就难以进行，就又会出现"融资难"。

为在解决小微企业融资贵、融资难的问题的同时，又要实现商业可持续发展，不同微金融服务的供给者需要根据自身优势选择不同的业务方式和方法。业务成本与风险溢价之间有着很强的关联性。根据美国学者伯林和麦斯特（Berlin and Mester，1999）的分类，商业银行的借贷方式可以划分为两种类型：一种是交易型贷款（transactional lending）[1]，另一种是关系型贷款（relationship lending）[2]。银行基于这些"软信息"和经验判断，来确定风险定价。伴随着互联网技术与金融科技的发展，小微企业的软信息开始逐渐转变为硬信息：各领域不断普及的线上支付，使得现金收支信息能够书面化；销售渠道从原来的以线下销售为主开始逐渐转向线上销售，使得销售记录能够报表化；同时，伴随着征信体系的不断完善，即使金融机构不认识小微客户，也可以通过大数据征信获取的客户信息进行风险定价。因此，不断发展并完善金融生态环境，有助于微金融机构实现自身的可持续发展，进而更好地支持小微企业的发展。

另外，为缓解小微企业融资难、融资贵的问题，微金融机构提供可持续的微金融服务的关键是：从微金融服务的业务成本和风险溢价着手，引进各种经营管理和技术手段，如何以一个相对合理的成本，收集潜在小微客户的足够信息，以此确定预期损失率，从而实现风险定价，使其在开展微金融服务时可以获得合理回报，以实现其商业可持续。由此可见，在资金成本、合理利润外生的情况下，只有从业务成本和风险溢价着手，才有可能降低小微信贷的成本。货币宽松政策只能够在一定范围内降低资金成本，尽管通过不断增加新的中小银行、实现银行间公平有序的竞争能够降低资金成本，但对

---

[1] 交易型贷款是指银行通过财务报表、流动资产担保、固定资产抵押等方式，基于企业还款能力发放的贷款。

[2] 关系型贷款是指银行的贷款决策主要基于借款企业及其业主的相关信息而作出。

整个信贷利率的下降,影响较小。因此,破解中国小微企业融资难、融资贵的问题,更多需要从业务成本和风险溢价着手,引进各种经营管理和金融技术手段,以尽可能低的成本,充分地获取大量的小微企业群体的信息,从而实现风险定价。

第四节 企业金融成长周期理论与微金融支持小微企业发展

一、企业金融成长周期理论基本概念及论点

20世纪70年代,威斯通(Weston, 1970)和布里汉姆(Brigham, 1978)提出了企业金融生命周期理论(financial growth cycle)[①]。最初的企业金融成长周期被划分为三个阶段:初期、成熟期和衰退期。之后,企业成长周期被拓展为六个阶段,每个阶段及其融资来源的情况是不同的(见表2-1)。

表2-1　　　　　　企业金融成长期的融资来源与潜在问题

阶段	融资来源	潜在的问题
创立期	自有资金积累(Ⅰ)	较低的资本化程度
成长期Ⅰ	Ⅰ+企业留存收益、商业信贷、银行短期借款、融资租赁(Ⅱ)	易发生流动性危机
成长期Ⅱ	Ⅱ+金融机构的长期借款(Ⅲ)	外部融资缺口
成长期Ⅲ	Ⅲ+发行股票+发行债券(Ⅳ)	控制权分散
成熟期	Ⅰ+Ⅱ+Ⅲ+Ⅳ	投资回报较稳定
衰退期	企业并购、股票回购等	投资回报下降

---

① 阮铮(2008)认为,对于企业生命周期的认识源于产品生命周期理论,产品生命周期理论原本用于解释产品生产、出口的国别转移。由于产品周期和企业的生命周期密切相关,可以用产品生命周期理论来反映企业的生命周期。

企业金融成长周期演进的观点，常以描述性的概念提出来。[①] 这一时期的金融生命周期理论主要根据企业的资本结构、销售额和利润等显性特征，较少考虑企业信息等隐性特征，来说明企业在不同发展阶段的金融资源获得性情况。柏格和乌德（Berger and Udell, 1998）把信息问题看作解释企业融资来源变化的一个重要的解释变量，指出中心企业融资最重要的特点是信息不透明。随着企业的成长，企业的金融需求和选择变化，变得更加信息不透明。小微企业因信息不透明必须依赖起始内部融资、贸易信贷和（或）天使融资。[②] 企业起始内部融资是由创业团队、亲人、朋友在企业开始设立之前或设立时所提供的资金。企业成长后，才获得中介机构的股权融资（风险资本）、夹层基金[③]融资以及债券融资。最后，成熟的企业可以发行股票或债券。但是并不是所有的小型企业都适用企业生长周期范例，企业的规模、经营年限和信息的可得性并不完全相互关联。

二、企业金融成长周期理论在金融领域的应用

企业金融成长周期理论重在揭示一个公司在由小到大的发展过程中资本结构的长期动态演化规律，尤其适用于解释小微企业的阶段性融资问题。不同的发展阶段，企业信用资质情况不同。对于小微企业而言，初创期和成长期是关键的发展阶段，但由于小微企业普遍资产规模小，可用于抵押的担保物不多且价值不高，而小微企业本身的信用资质难以获得承认，小微企业的融资需求很难得到满足。成熟期的小微企业因其业务越来越稳定、管理越来越科学、风险越来越可控，因而，处于这一发展阶段的小微企业是各微金融机构竞争的对象。市场上大量小微金融产品是根据成熟期小微企业的信用特点和用款需求设计，对处于初创期和成长期的小微经营者存在隐形排斥。在当前，存在一个尖锐的事实：中国小微企业平均经营年限为3年左右，而小

---

① 例如，对于高成长的公司有普遍接受的金融成长阶段定义，这些高成长公司吸引天使基金和风险投资资本（Pratt and Morris, 1987）。

② 阮铮（2008）指出在风险投资领域，"天使"通常是指在公司产品和业务成型之前对企业进行第一批投资的人。"天使投资"是投资人的主观判断或偏好进行的投资，资金较少，不参与管理。

③ 也称默择内基金（Mezzanine fund），介于股权投资和债权投资之间，既可以享有股权收益，也享有次级债券收益，一般采取次级债券、可转换债券、可转换优先股等组合。

微企业获得首笔贷款的年限则平均是在小微企业经营的第 4 年——也就是说，在不少小微企业的生命周期里，"死亡"比资金来得更早。①

总体来说，小微金融产品普遍存在个性化不足、针对性不强的痛点，导致金融供给难以适应众多小微企业复杂化、多元化、差异化的融资需求，微金融供需两侧有效交易的基础薄弱。为解决小微金融融资难的问题，微金融供给端应该基于企业金融成长周期理论，以设计覆盖企业的完整生命周期的小微金融产品为关键抓手，来满足小微企业在不同发展阶段的融资需求。

本章小结

本章主要分析了信息不对称理论、长尾理论、可持续原则、企业金融成长周期理论等相关内容以及这些理论在微金融领域中的应用。

（1）信息不对称理论及其在金融领域中的应用。传统的金融体制及模式下，资金供给方与资金需求方之间存在严重的信息壁垒。小微企业融资难、融资贵的主要原因在于资金需求方与资金供给方之间的信息不对称。信息不对称一方面体现在，资金供给方处于信息劣势的情况。作为资金供给方的金融机构的传统信用评估方法一般依赖资金需求方的小微企业的资产规模、资产质量、抵押情况等财务信息，而小微企业大多资产规模小，缺少有效的抵质押担保，因此在传统金融体制及模式下无法客观反映出其信用资质。资金供给方为了降低其经营风险，一般会提高风险定价，导致资金需求方为获得融资要付出更高的代价。信息不对称另一方面还体现在，资金需求方处于信息劣势的情况。资金需求方对微金融供给方所提供的金融产品和服务信息掌握得较少，不能获取满足自身需要的金融产品和服务，再加上小微企业自身金融素养不足等原因，也会间接地增加资金需求方的融资难度。需要通过持续优化社会信用体系，建立全国范围内的小微企业信用共享平台，形成良好的小微企业信用信息归集和共享机制，为微金融参与者提供真实透明的信息，使得依托信息而进行的搜寻、谈判、缔约以及监督等方面来减轻信息不对称程度。

---

① 中国人民银行金融消费权益保护局局长余文建在 2015 届中国互联网金融论坛上提出。

（2）长尾理论及其在金融领域中的应用。互联网金融在中国的实践充分证明了长尾理论在中国市场的适用性。依据长尾理论，在当前以先进信息技术为主要动力的数字经济时代，基于少数人具有的知识技能，充分利用数据要素生产率的特性可以实现内生式增长。互联网背景下，微金融机构可以使用人工智能、大数据，了解长尾客户需求，并通过提供个性化产品、提供更好的服务体验来吸引客户，在使融资意愿强烈的众多长尾客户融资的边际成本递减的同时，可以使融资意愿强烈的众多长尾客户融资的边际效益递增，有效满足小微企业的资金需求。这使得互联网金融可能在一定程度上会冲击传统金融机构的市场地位。当前通过挖掘金融生态链中的小微利基市场，已成为微金融机构在数字金融时代的发展之道。

（3）可持续原则及其在金融领域中的应用。金融机构的商业可持续发展，主要是指银行和非银行金融机构在提供金融服务时，能够获取相对持续、稳定的合理利润，即在以盈利为目标来保证自身可持续发展的同时，还要服务实体经济。微金融服务发展的核心是要在提升微金融供给侧的风险管控能力的基础上，增强微金融服务的质量和能力，这才能真正地坚持商业可持续原则。以传统银行的信贷模式开展小微业务，在商业上难以保证银行持续经营小微业务。小微企业融资贵，即利率高的客观原因也在于其信贷业务的业务成本、风险溢价太高，当利率高到一定程度后信贷业务就难以进行，就又会出现融资难。为保障微金融机构商业可持续，微金融机构提供微金融服务的关键是：从微金融服务的业务成本和风险溢价着手，引进各种经营管理和技术手段，以较低的成本，在充分收集的潜在小微客户信息的基础上，考虑到可能的损失率，进行风险定价，保证能够获得合理的回报，以实现其商业可持续。

（4）企业金融成长周期理论及其在金融领域中的应用。企业金融成长周期理论重在揭示一个公司在由小到大的发展过程中资本结构的长期动态演化规律，尤其适用于解释小微企业的阶段性融资问题。基于该理论，企业在其设立初期的内部融资是由创业团队、亲朋在企业开始设立之前或设立时所提供的资金。企业逐渐成长后，才能够获得中介机构的股权融资（风险资本）及债券融资。最后，处于发展成熟阶段的企业可以发行股票或债券。考虑到众多小微企业的复杂化、多元化、差异化的融资需求，为解决小微金融融资难的问题，微金融供给方应该基于企业金融成长周期理论，设计覆盖小微企业的完整生命周期的微金融产品，解决小微企业在不同发展阶段时的不同融资需求。

| 第三章 |
微金融需求主体与供给主体概述

第一节　微金融需求主体——小微企业的基本特征

一、小微企业的主体特征

（一）小微企业数量众多，分布广泛

为数众多的小微企业（含个体工商户）的存在，丰富了中国市场经济的深度与广度。

从小微企业分布来看，无论大中小城市、乡镇和农村都有小微企业，在部分地区还会形成小微企业聚集的区域。从小微企业所在行业来看，由于个体工商户规模较小、经营灵活、适应面广，其从事的行业都与居民日常生活相关。《2020中国个体工商户洞察报告》显示，截至2020年8月个体工商户分布最多的行业为批发零售业、住宿餐饮业以及居民服务、修理和其他服务业。尤其是批发零售、生产加工、服务类客户大约占据了小微企业的绝大多数。其中，批发零售业以服装、小百货、家具家电、五金建材、电子产品等为主；生产加工类以服装、农产品、食品以及配套性加工业等为主；服务类以餐饮、旅店、洗衣店、娱乐、美容美发等为主。小微企业是转移农村富余劳动力和城镇就业的主要途径。相对大中型企业来说，小微企业和初创企业所使用的资源较少,就业门槛低,对周围环境的适应性强,从而使数目众多的小微企业和初创企业为社会提供了更多的就业机会。

(二)小微企业组织形式多样,灵活性强,具有顽强的生命力

小微企业在中国是一个统称,其组织形式多种多样,包括公司、合伙企业、夫妻店、个体工商户等形式。相对来说,传统行业的低门槛,是吸引小微企业主创业的一个重要因素。很多小微企业主存在家企不分、资产混同的情况。例如,在小微企业创业初期,经营主会借助家庭住房或汽车、电脑等物品,作为经营之用,以此来节省创业成本。当企业经营过程中遇到资金紧张时,首选个人的资产,如自家的存款、自有资产等贴补企业经营。小微企业规模小、投资少、易于创办,经营上灵活性强,能够根据形势变化,进行发展策略和经营项目的调整,从而体现出顽强的生存意志和生命力。即使经济处于下行周期,外部需求遇冷,仍有很多小微企业并不是选择立即关停倒闭,而是选择暂时性的歇业、寻求机遇,一旦经济形势开始出现好转,很快就可以恢复正常的生产。小微企业融资需求旺盛,也是其顽强生命力的一种体现。《2019—2020小微融资状况报告》[①]显示:中国的小微企业始终充满"生机","小微"经营者规模越小、盈利能力越强,近半数的"小店经济"盈利水平超过20%。

(三)小微企业主通常具有诚信的品质

小微企业一般会被认为信用意识薄弱,违约成本较低,违约概率较高。这是因为与成熟的、规模较大的企业相比,小微企业财务信息不够标准和透明,还可能会根据使用对象的不同,编制、提供不同的财务报表,导致银行难以基于其财务信息准确评价小微企业的生产经营情况。但大多数小微企业主具有诚信的品质,他们能够意识到人品对企业的存续发展的重要性,再加上大部分企业主把自己经营的企业或项目看作一家人的衣食来源,因此大部分小微企业主能够坚持诚信为本,具有很强的事业心和责任心。其实,小微企业并不缺信用,缺的是能够让银行认可的抵质押物,以及获得信用融资的

---

① 全国工商联、国家金融与发展实验室、蚂蚁集团研究院发布的《2019—2020小微融资状况报告》。

可能性。也正因为小微企业抵押物缺失，获得的银行信贷供给不足，小微企业实际的资产负债率与负债收入比都不高。即使出现了小微企业因经营亏损导致信贷违约，有些小微企业主通常会为了恢复其个人信用，努力进行债务清偿，甚至可能通过打工获取收入来弥补资金缺口。

（四）小微企业生命周期短，抵御风险能力弱，发展不确定性大

从国际经验看，美国、日本的中小企业的平均寿命分别达到8年左右和12年左右。数据显示，中国小微企业平均寿命为3年左右，成立3年后的小微企业仍正常经营的约占1/3。[①] 由此可见，小微企业生命周期短。小微企业大多处于产业链、供应链、价值链的末端，多为粗放型、劳动密集型企业，主要集中在第三产业，产品的技术含量较低，市场竞争力不足，再加上容易遭受宏观经济波动的影响，其抵御风险能力弱，发展前景不明朗。

二、小微企业的经营管理特征

（一）以流动资产为主，固定资产较少

一般来说，处于初创期的小微企业，即使业务量尚未有起色但前期投入却很大。在初始资金并不多的情况下，企业主已将个人住房或相关资产抵押借款所获得资金投入到企业的日常运营中了，在之后的生产经营过程中，如果还有资金需求时，在无物可用于抵押的情况下很难获得借款。一般来说，小微企业资金来源主要有三个途径：一是创始人的自有资金；二是投资者投入的资金；三是借贷资金，包括银行借款、个人借款或者民间借贷等。一般来说，创始人个人投入资金有限，在不愿大量稀释股权的情况下，投资者投入资金亦有限，所以借贷资金成为重要的融资模式。小微企业向银行借款，尽管成本相对低，但要有抵押物（难而不贵）[②]；小微企业向个人借款（需要人情）或进行民间借贷，可能不需抵押物，但利息却非常高（贵而不难），

[①] 2018年6月14日，第十届陆家嘴金融论坛，易纲指出，中国中小企业的平均寿命约为3年，而美国约为8年，日本约为12年。

[②] 小微企业普遍缺乏土地、房产、票据等担保品，其最主要的融资方式是信用贷款。

可能会导致有的小微企业陷入高利贷重压下,最终因无法偿债而破产。

(二)经营规模所限,资产总额普遍较低,用工规模较小

《中国小微企业融资融智报告》调研数据显示,50.98%的小微企业年营业额在100万元以内,36.76%的小微企业年营业额更是在50万元以内。对于小微企业而言,受经营规模所限,资产总额普遍较低。66.61%企业资产总额在300万元以内;45.88%不足100万元。八成小微企业员工总数在50人以内,其中近半数小微企业员工总数在5~30人之间。

(三)内部管理制度不够健全,财务报表不够规范,财务信息不够透明

相对于大中型企业,小微企业由于资产规模较小,组织结构层次少,成员普遍较少,呈扁平形组织结构模式,决策权往往集中在企业主手中,大多采取家族式经营管理模式,经营管理制度和财务制度不健全,表现在财务管理能力、经营数据准确性和业务经营连续性有待提高。不少小微企业的管理制度与现代公司治理相差较大,本质上以个人经营为主。小微企业一般缺少正规的、完整的财务报表,如资产负债表、损益表和现金流量表,缺少完整的盈利和纳税记录,或者即使有相应的财务报表,但绝大部分财务报表未经过外部审计,导致小微企业提供的会计信息严重失真,此外,小微企业相关信息的书面化程度也存在不足。总之,小微企业经营和财务信息透明度低,导致很难套用常规的银行信贷业务流程。

(四)经营可持续性较差,市场竞争力弱

近年来,当前国内外经济增速减缓,影响着小微企业的经营可持续性。再加上小微企业由于金融素养不足,不能进行正常情境下的合理财务规划,对于突发情境下应急措施不到位,或对贷款产品认知不全面,导致过度负债。基于以上特点,小微企业很难保证经营的稳定性、持续性,缺乏发展后劲,受市场波动影响大,存续期难以预料。

中国小微企业主要集中在第三产业,除小部分科技创新型小微企业外,多为粗放型、劳动密集型小微企业,产品的技术含量较低,易受到宏观经济波动的影响。再加上小微企业多处于充分竞争行业,既不享受产品差异化的定价权,同时也不具有成本优势,因此小微企业盈利空间小,易受宏观环境、

市场环境的冲击，小微企业普遍市场竞争力弱。

（五）对市场变化敏感，船小好调头

小微企业具有一定的经营优势，例如，小微企业由于规模小和市场容量有限，有利于企业根据用户需求及时调整经营方向和组织结构，机制灵活、适应性强；小微企业由于竞争力弱，通常都不会采取多元化经营，一般都会结合自己的情况，寻找适合自己的市场，并表现出一定差异性；还有就是基于适应市场需求的需要，小微企业表现出比较强的创新能力。

三、小微企业的风险特征

与大中型企业相比，小微企业信贷的信用风险相对较高。这是因为，在目前所处的经济发展阶段中，小微企业面临的外部经营风险较大，再加上小微企业自身存在的问题，导致小微企业贷款的风险较高。

（一）小微企业抵押财产不足，很难适用固定资产抵押的风险控制策略

小微企业由于资本实力不足，在初创期已将个人住房或相关资产抵押借款所获得资金投入到企业的日常运营中了，在经营过程所进行的信贷业务中因抵押财产不足，很难适用固定资产抵押的风险控制策略。

（二）小微企业缺乏规范的财务记录，大大增加风险评估难度

小微企业常缺乏专业的财务人员，导致账目混乱、家企账目不分，一些开支与收入甚至完全不记录，经营者只掌握资产端与负债端的余额。这种对生产经营中的现金流状况不进行记录的情况，大大增加了微金融机构对其进行风险评估的难度。

（三）小微企业资本实力不强，导致不良贷款率高

小微企业既缺乏雄厚的资本实力，也缺乏必要的再融资能力，在现金流出现缺口时很难快速补足，对信贷违约行为的技术性规避能力差，导致不良贷款率高。在2018年末，全国金融机构单户授信1000万元以下的小微企业的不良贷款率达到了6.2%；到2019年5月末，该不良贷款率虽然有所下降，

降至5.9%①，但还是处于比较高的水平。同一时期，大型企业和中型企业的这一比率分别是1.4%和2.6%。由此可见，小微企业的不良贷款率依然较高，会在一定程度上增加金融机构的经营风险。

四、小微企业的融资需求特征

目前经济整体处于下行阶段，这为小微企业下一步的生存与发展带来了一系列困难，例如，生产成本高、所缴税负高；招工用工难、充分融资难等，其中，融资难是影响小微企业能否生存下去并发展壮大的最大困难。"融资"一般指资金融通，广义的融资既包括资金融入还包括资金融出，本书研究的范围仅限于资金融入。资金融入有直接融资与间接融资之分，在本书的研究中，主要分析小微企业间接融资且更多关注商业银行等金融机构的小微业务。

（一）呈现"额度小、期限短、频度高、时间急"

小微企业最基本、最迫切的金融需求就是融资需求，且其融资需求呈现"额度小、期限短、频度高、时间急"的个性化特征，即希望能够通过贷款解决生产经营中的资金短缺问题。

1. 小微企业资金需求额度小

《2019—2020小微融资状况报告》显示：2019年，44.2%的小型企业存在融资需求；71.6%的微型企业和个体经营者存在融资需求，但62.7%的融资需求在100万元以下。目前中国具有一定规模的小型企业从传统银行贷款的比例较高，而微型企业和个体经营者等长尾经营主体由于营业规模较小，融资缺口也较小，一般不超过100万元，因此更依赖互联网银行经营性贷款、其他互联网平台现金贷及个人消费贷。

2. 小微企业的资金需求期限短

小微企业融资期限较短，主要用于补充日常营运资金。根据智研咨询发布的《2020—2026年中国小微企业行业市场发展规模及投资前景趋势报告》

---

① 中国人民银行2019年6月24日公布的数据。

显示①：小微企业融资的目的主要是与维持日常运营的流动性需要、提高经营效率、扩大生产规模相关。流动资金对于小微企业至关重要，与融资额度相比，很多小微企业主更希望取得借贷周期灵活，或者能够随借随还的借贷。

3. 小微企业的资金需求频度高

小微企业的资金需求频度高主要在于：一方面，小微企业的生产经营受季节性、临时性因素影响，经营波动性大，贷款期限小于小微企业生产周期；另一方面，小微企业与企业主的金融素养较低，一般不能形成企业经营和发展资金使用的长期规划，申请贷款频繁。再加上现行的半年期、一年期的流动资金无法完全匹配企业生产经营周期，容易产生"短贷长用、频繁转贷、期限错配"等问题，也间接推高了企业融资成本。

4. 小微企业的资金需求时间急

小微企业的资金需求时间急，特别是一些轻资产的小微企业的融资需求的临时性、紧急性更突出。与融资额度相比，很多小微企业更希望能够快速得到贷款，借贷周期灵活，甚至接受随借随还的借贷形式。但通常银行等金融机构在对小微企业贷款进行风险评估的时候，因为需要考虑到小微企业的经营状况是否稳定、财务管理是否规范等因素，融资手续比较烦琐、办理贷款的周期较长，一般企业从申请贷款到最后放款，中间经历了不同环节，有的时候需要一个月，甚至有的时候需要几个月的时间，很难满足小微企业融资需求"急"的要求。再加上小微企业主通常缺乏合理的中长期资金规划，进而限制其融资安排，造成资金链紧张时的"病急乱投医"，希望能够快速办理贷款。

（二）表现为生产经营和生活消费的混合需求

与大中型企业相比，小微企业除具有分布广泛、数量众多、类型多样等主体特征外，大部分小微企业还具有明显的家庭经济特征。从小微企业的组织形式来看，小型企业、微型企业、个体工商户（小作坊、微型电商、家庭

---

① 报告显示：2019年中国小型企业融资中90.3%将资金用于日常运营，73.1%用于扩大规模，46.2%用于开发新产品新技术。微型企业和个体经营者中，63.1%将融资资金用于扩大规模，53.1%用于日常经营，17.5%用于开发新产品或新技术。

农场）等，其家庭经济特征表现在家庭拥有、家庭决策和家庭经营，小微企业主同时也是家庭财产的决策者。这一部分小微企业并不以取得经济收入为唯一目标，非常看重家庭福利的最大化。因此，这类小微企业的金融需求往往是一种同时具有生产经营和生活消费的混合金融需求。如果忽视了小微企业的家庭经济特征，仅仅将为小微企业提供的金融服务视为小微企业的生产性融资，而将小微企业主的家庭生活的融资需求视为生产性融资的一种潜在的风险，就会限制金融机构为具有生产经营融资需求和生活消费融资需求的混合金融需求的小微企业提供金融服务的空间。如果金融机构完全按照现代企业的标准去评估这类小微企业的信贷风险，则容易将其划为风控模型中的高成本、高风险客户，从而使得这类的小微企业受到一定程度的排斥。

（三）小微企业不同成长阶段的融资需求特点不同

创业初期以家庭属性为主的小微企业，其生产经营的财务与家庭日常花销的财务通常不进行区分，因此这部分企业的融资用途可能不仅只是为了生产经营，还包括满足其生活上的需求，如教育方面的需求、医疗方面的需求等；而发展到一定规模的小微企业可能更倾向于获得长期的经营性贷款。对此，需要不同类型的微金融机构在大数据支持下，依据各自的经营优势，为处于不同发展阶段的小微企业提供差异化、个性化的贷款需求，创新出有效的产品和服务，才能支持小微企业不断发展壮大。

（四）小微企业融资需求的分散、下沉、不能正确认识自己的资金需求

与大中型企业相比，小微企业分布分散，其中服务型、生产加工型、贸易型小微企业大部分分布在县城、乡镇和农村地区。小微企业大部分具有规模小、资产少、家企不分治理、生命周期短、经营持续性差、市场竞争力弱、抗风险和议价能力低等特征，这与传统金融机构要求企业具有足值的抵押物、健全的财务制度、稳定的现金流预期等基本风险管理要求不符，导致小微企业融资难、融资贵。

由于小微企业主金融素养较低，再加上多数小微企业从未获得过银行的信贷服务，对于小微信贷产品缺乏科学认知，不能全面了解并正确认识自身的经营风险。对于自身是否具备信贷融资的条件或需求或是否适合通过信贷供给的方式来获得融资不清楚，但一般持有乐观态度。

(五) 很多小微企业存在民间借贷

《中国小微企业发展报告》是由西南财经大学于 2014 年发布的，这一报告显示，在小微企业的生产发展中，仅进行过民间借贷却从未得到过银行资金支持的超过六成，仅获得过银行资金支持的比例才占 23%。到 2018 年，中国小微企业通过正规金融机构与民间借贷获得资金的比例大概是 6∶4。世界银行 2018 年关于中小微企业融资缺口的研究报告显示，中国中小微企业存在潜在的融资缺口，从绝对额上来看，这一缺口能够达到 1.9 万亿美元，从相对程度来看，这一缺口所占比重能够达到 43.18%。《2019—2020 小微企业融资状况报告》也对小微企业融资缺口进行了关注，这一报告是由全国工商联、国家金融与发展实验室、蚂蚁集团金融研究院共同发布的。该报告显示：截至 2020 年 3 月 12 日，中国微型企业和个体经营者中存在融资缺口的占比为 78.0%。尽管到 2020 年 12 月底，全国已取得贷款的小微企业数目比上年同期增加了 461 万户，达到了 2573 万户，但还是有高达 70% 多的小微企业根本就从未得到过任何银行贷款。以上数据显示，由于难以采用正常的贷款方式从传统的银行金融机构取得贷款，小微企业一旦遇到资金需求，首先想到的是通过非银行金融机构或者通过民间借贷来弥补其融资缺口。一直以来，小微企业有着靠"人情"而不是靠"信用"取得所需资金的习惯。在民间借贷的渠道中，资金大部分来自亲戚朋友。这也使得小微企业通过民间借贷时，或者是无息，或者是高息。无息就是还"人情债"，一般要拿出收入的一部分用作人情支出；而高息，往往要面对高于 20% 的年化利率，但小微企业净利润率很少能够超过 20%。但因为无法向陌生人证明自己的信用，只能采用"高利贷"的方式筹集资金，原因在于和高利率相比，小微企业的生存对小微企业更重要。

对于小微企业可以根据其取得贷款的金融机构分为以下四个部分。

(1) "头部小微"。这一部分的小微企业是在众多的小微企业中少数具备符合银行标准的抵押品，小微企业经营规范，小微企业主个人资质优良，因而能够在银行获得相对充足的授信额度，是商业银行竞争的对象。"头部小微"只有在考虑"急"的基础上，才会偶尔申请非银机构高定价的贷款服务，类似"过桥贷"。

(2) "肩部小微"。这一部分的小微企业主要是持证企业和一部分个体工商户。"肩部小微"因缺少财务报表、信用评价等,且缺少优质的抵押品,使其在经营层面的资质不足以为银行提供充分的授信参考,因此从银行可获取的授信通常是不足以满足其经营需要,还必须通过担保公司、保险公司、互联网平台等其他非银机构借款,一是为补充额度的不足,二是在紧急的情况下,满足应急性的中小额贷款需求,否则会影响其经营存续。

(3)"腹部小微"。这一部分的小微企业主要是个体工商户。"腹部小微"几乎没有经营层面的授信资质,几乎没有抵押品,难以在银行获得任何授信。一般首选由非银机构为他们提供正规的贷款服务,其次是民间借贷,来满足支持其经营存续和周转应急的融资需求。相比经营存续的风险,较高的贷款成本也是可以接受的。因此,"腹部小微"在融资时,对价格的敏感性显著降低,一般优先考虑的是"可获得性"和"及时性"。

(4)"尾部小微"。这一部分的小微企业一般是经营不稳定,个人资质也难以符合金融机构的基本要求,无法获得正规的金融服务。"尾部小微"主要通过繁荣的民间借贷市场获得相应的资金。这是因为,与小微企业的死亡相比,贷款定价高并不是最敏感的因素,"可获得"才是"尾部小微"首先要考虑的因素。

由此可以看出,从"肩部小微"开始,非银机构、民间借贷就已经在小微贷款供给中占据了优势地位。事实上小微企业群体都有借高定价贷款的可能性。相对的高定价贷款,有助于解决不同档次小微企业差异化的融资需求,这也是非银机构、民间借贷存在的应有之义。

五、小微企业的非融资性的金融需求

小微企业在融资需求之外还存在着非融资性的金融需求,目前这些非融资性的金融需求呈现旺盛化、多样化。具体表现在信息咨询服务需求、资金结算服务需求、资本管理服务需求和信用担保服务需求四个方面。第一,信息咨询服务需求。在信息已成为影响小微企业提高竞争力的重要因素的大数据时代,小微企业需要通过寻求信息咨询服务,克服因自身规模小和市场容量有限,缺乏对相关的财政政策、货币政策以及所处行业系统风险等相关专业知识正确认识的问题,根据市场需求及时调整自身的经营方向和组织结构,来不断提高自身的竞争力与金融素养,降低生产经营中的风险。第二,资金结算服务需求。例如，小微企业对于账户管理、资金归集、供应链管理、投融资管理和综合财资管理等服务的需求。第三，资本管理服务需求。例如，小微企业主个人理财、家庭资产管理等。因为小微企业主存在金融素养不高、不掌握全面可靠的投资信息的问题，而商业银行等金融机构可以为其提供资本管理服务。第四，信用担保服务需求。信用担保服务主要是通过缓解小微企业与微金融机构之间存在的信息不对称问题，增强小微企业获得贷款的能力。

第二节 微金融供给主体及其功能定位

一、微金融供给主体

中国正在逐渐形成多层次、广覆盖、适度竞争的微金融服务体系。针对小微企业，小微信贷是最主要的金融产品，主要满足小微企业生产经营和自我发展的资金需求。

微型金融机构已经呈现出蓬勃发展的态势。以上微金融供给主体共同构建了中国当前多层次的小微金融供给体系，目的是更好地服务小微企业和长尾群体。智研咨询发布的《2021—2027年中国小微企业行业市场竞争现状及发展趋势分析报告》显示，2020年小微企业客户量位于前三位的分别是中国网商银行小微企业客户量2900万户、建设银行小微企业贷款用户数159.07万户、邮储银行小微企业贷款用户数158.27万户。

二、微金融供给主体的功能定位

全国工商联等多方发布的《2019—2020小微融资状况报告》把小微企业细分为小型企业、微型企业和个体经营户三类，其中，小型企业被称为"头部小微"，微型企业和个体经营户被称为"长尾小微"。小微客群逐渐形成"头部小微"与"长尾小微"的市场分层，与之相对应的，小微金融产品和服务也形成了差异化的市场格局。大型商业银行在服务"头部小微"方面有着天然的优势；以台州银行为代表的具有地缘优势和模式优势的城商行，致力于开拓出贷款额度为 50 万~100 万元这一区间的市场;传统小贷公司由于技术开发实力不足、不能吸收存款、杠杆受限、区域局限,其服务模式是与具有"小而分散"的特征客户面对面接触,导致其服务成本高、手续复杂、放款慢。

对于各类微金融服务供给主体来说,可以采用 SWOT 分析法,寻找有利于自身发展的竞争策略。首先要明确自身在资产规模与经营管理等方面所具有的优势和劣势,在此基础上,对将来可能面临的机遇(财政政策或货币政策的支持等)与挑战(其他金融机构的竞争或不利的外部环境等)进行分析,据此找出能够使自身可持续发展的竞争策略,找准自身的客户定位,进而培养目标客群。微金融业务能够保持商业可持续是要以小微企业的良好发展和壮大为前提的,因为只有小微企业实现发展并不断壮大,才能够正常偿还本金与利息。微金融供给主体才能够减少其不良资产,实现正常营业收入,进而实现商业上的可持续。因此,本书在分析微金融供给主体各自优势和劣势的基础上,明确自身的功能定位,在实现商业可持续发展的基础上,最终的目的是能够实现微金融服务供给与微金融服务需求相匹配。

(一)以国有大型商业银行、股份制商业银行为主的大中型商业银行的功能定位

截至 2019 年底,包括中国邮政储蓄银行在内的 6 家国有大型商业银行和 12 家股份制商业银行是中国银行机构体系的重要组成部分。相对于其他金融机构,大中型商业银行的绝对优势体现在资金实力、营业网点、服务范围、业务资质、科研实力等方面,因此,此类商业银行在开展微金融业务时不会担心能否获得优质客源的问题。这也是大中型商业银行开展小微企业贷款业务时内生动力严重不足的原因之一。目前,中国政府和监管部门对大中型商业银行提出了具体的支持小微企业发展的要求,还激励大中型商业银行凭借自身优势不断开展金融产品和服务的创新来满足小微企业的个性化需求等。在当前政府部门的绩效考核压力下,国有大型商业银行和股份制商业银行开始进行针对优质小微企业的信贷业务,这就出现了"掐尖效应",对部分城市商业银行、农村商业银行服务小微企业的市场产生了挤占。

(二)以城市商业银行、农村商业银行为主的中小银行的功能定位

以城市商业银行、农村商业银行为主的中小银行(地方性商业银行),

具有在数量上最多、渠道下沉的特点。贴近基层是这类地方金融机构的天然优势，这些地方金融机构可以通过持续扩大服务半径，将金融服务触角逐渐向基层、向小微、向涉农部门进行延伸，进而拓展其金融服务的广度。目前，这类地方金融机构已经初步形成了自身特色，在服务当地小微企业方面作出了巨大的贡献。这类金融机构通过充分利用风控技术，明确客户定位，提高了小微企业金融服务的可得性。但是这类金融机构与国有大型商业银行和股份制商业银行相比，存在因自身资产规模严重不足而发展速度较慢的问题。

1. 城市商业银行的功能定位

截至 2019 年底中国共有城市商业银行 134 家，其中大部分是在城市信用社的基础上合并而成。背靠地方政府的城市商业银行受制于资产规模以及信贷投放能力，其目标客户群体一般是当地的各类中小微型企业。一方面，由于城市商业银行对当地企业的了解，信贷人员能够更加发挥人头熟、地头熟的优势，更好地进行风险定价。另一方面，由于城市商业银行缺乏客户渠道优势，负债端成本相对较高，从获利的角度来看，必须通过提高资产端风险偏好，加大高风险、高收益的小微贷款投放。由于获客定位、风控技术、科技能力相对偏弱，往往需要与金融科技平台进行合作。然而这些年来城市商业银行自身发展中也存在一些问题：一是不断加快自身规模扩张，而忽视资产质量改善及效率提高。二是将主要精力转向大中型企业、转向投行业务，进行部分跨区域发展，忽略对其母城市的社会责任，对小微企业的支持力度不足。此外，部分城市商业银行存在资产负债结构不合理、治理能力薄弱、信用风险逐年上升等问题。某些城市商业银行需要回归服务地方和服务小微的市场定位，充分利用自身所拥有的资源优势和客户群体优势，大力发展微型金融服务。

以宁波银行为例，作为中国城市商业银行之中的精品城商行，其核心竞争优势体现为两大王牌：扶持小微企业、助力实体经济。独特发展战略是"大银行做不好，小银行做不了"；经营理念是"用双脚丈量大地，用专业创造价值"。2020 年，宁波银行面向 3.9 万户小微企业发放免息贷款 110 亿元，助力实体企业渡过难关；截至 2020 年末，宁波银行对公客户总数 46 万户，较上年末新增 7.7 万户，其中 90% 以上都是小微企业和民营企业；零售公授信客户 11.74 万户，贷款余额 1085 亿元，较年初增加 290 亿元，增长 36%。①在普惠小微金融服务方面，宁波银行特设"零售公司部"，2016 年以来的零售公司贷款规模及其在企业贷款中的占比持续增长。宁波银行通过实地调研，结合细分行业的经营周期与融资诉求，设计出差异化的金融服务解决方案。在小微企业金融服务团队配置方面，截至 2020 年末，该行共设立小微服务团队 309 个，总人数达到 2947 人。②在服务客群上，宁波银行重点扶持先进制造业、民营小微、进出口企业等，重点推广小微贷、科创贷、出口微贷、小微租赁、跨境电商等专项金融产品。在科技赋能方面，积极运用大数据和移动互联网技术，实现营销体系移动化、实时化、便捷化的基础上构建出特色小微金融生态圈。加大科技投入力度，实现了精准化的客户数据挖掘和行为分析，满足客户多元化、个性化的金融服务需求。

2. 农村商业银行的功能定位

自 1978 年中共十一届三中全会至今，农村商业银行随着农村信用合作社改革进程的推进，已逐步成为农村金融的主要力量。随着中央对"三农"问题的重视，农村商业银行机构数量逐步增加，由 2012 年的 337 家增长至 2020 年的 1539 家。我国农村商业银行资产规模的飞速增加，增加了金融监管的压力，我国农村商业银行的总资产从 2015 年的 15.23 万亿元增长到 2020 年的 33.4 万亿元，总负债从 2015 年的 14.03 万亿元增长到 2020 年的 30.83 万亿元。③农村商业银行与城市商业银行相比，更加贴近地方，较好地发挥了农村金融机构发展普惠金融的作用。农村商业银行资产规模整体占比虽小，但由于其在服务小微企业等客户群体上具有的天然优势，在支持小微企业发展中发挥着重要作用。农村商业银行在成立之初的定位是服务"三农"和小微企业，体现在农村商业银行的涉农贷款和对小微企业的贷款不能少于总贷款的一半，且贷款额不能低于总资产的一半。县域农村商业银行主要为小微企业、个体工商户和农户提供"更小、更散、更下沉"的微贷业务，在一定程度上可以分散农村商业银行的贷款风险，增加其利润，提高其核心竞争力。同时，微贷业务的不良贷款率一直处于较低的水平，能有效提高农商银行的风险管理水平。当然，农村商业银行在发展过程中仍存在自身实力有限、经

---

①② 2021 年 4 月 9 日，宁波银行（002142.SZ）2020 年报。
③ 智研咨询发布的《2021—2027 年中国农村商业银行行业市场运行状况及发展前景预测报告》。

营成本高、经营状况分化严重、风险控制欠缺、在农村地区和城市地区的投放不平衡、微贷产品品种发展不平衡等一系列问题。

农村信用社是农村微型金融的主要提供者，正在进行明晰法人主体的改革，即向农村商业银行转型。农村信用社的服务定位为服务"三农"的使命，主要为以农村家庭微型经济为主的涉农小微企业提供金融服务，是解决涉农小微企业的资金需求、降低农村小微企业融资成本、支持乡村振兴的有效途径。

以城市商业银行、农村商业银行为主的中小银行（地方金融机构）在发展小微企业信贷业务的同时面临六大国有商业银行下沉的冲击和金融科技的冲击。一方面，六大国有商业银行下沉的冲击。国有大行的大部分低利率的小微业务，绝大多数是强抵押的，这对地方法人小银行冲击特别大，因为地方金融机构的小微业务以一般抵押为主。另一方面，金融科技的冲击。在微贷领域，金融科技公司的纯线上的业务也给地方金融机构造成很大冲击。

（三）其他微金融机构的功能定位

小额贷款公司是由地方金融监管部门审批、监管，由自然人、企业法人与其他社会组织投资设立，不吸收公众存款，经营小额贷款业务的有限责任公司或股份有限公司。小额贷款公司试点的政策本心是服务"三农"、将资金引入欠发达地区。但在2015年之后，由于小额贷款公司自身专业水平、强监管、经济下行、银行和互联网巨头业务下沉等因素，小额贷款行业陷入发展瓶颈。2021年4月26日，中国人民银行公布，截至2021年3月末，全国共有小额贷款公司6841家。相比2020年12月末的7118家，2021年第一季度，小额贷款公司数量减少了277家。贷款余额8653亿元，第一季度减少212亿元。在当前金融科技不断发展的背景下，部分小额贷款公司将数字技术应用到金融服务中，不断完善自身的业务模式和经营方式，降低经营成本，简便手续，便捷发放贷款。以网商银行、360数科等为代表的新金融正在成为服务小微企业中"长尾小微"的重要力量，其中，360数科的数据显示，其平台上注册资本500万元以下用户占比为69.53%。①

从服务对象方面来看，大型商业银行和股份制商业银行倾向于借款给规

---

① 360数科首席风险官郑彦在2021年5月18日360数科举办"智慧金融、见微知著"媒体沟通会上发布。

模更大、存在期更长的大中企业；互联网银行主要以规模小、成立新等特点的小微企业为服务对象，为其提供小额贷款。从提供的贷款产品来看，国有大型商业银行和股份制商业银行因提供的贷款产品缺乏普遍灵活性且周期短，不能满足小微企业经营期限短、需求急的融资需求；互联网银行产品贷款期限非常灵活，同时贷款期限短。从贷款利率和风控成本来看，国有大型商业银行和股份制商业银行贷款利率普遍偏低，而风控成本高，即存在小微企业风险与回报不匹配，所以其向小微企业提供金融服务的意愿不强；小额贷款公司利率更接近市场化利率水平，一般一年以下的贷款中，利率随着借款期限增加而逐步下降，一年期以上的利率也只是温和上涨。

在小微金融发展过程中，监管部门从2011年开始对小微贷款考核，由单纯看小微贷款增量、增速不低于上年水平，到后来逐步拓展到增加对于户数的要求，再到对于利率、服务质量、精细化运营有了更高的要求等。即小微金融服务从精准营销获客的前端生态，到千人千面的市场化定价，再到长期的贷后监测与运营管理。根据监管部门以上要求，以度小满金融为代表的新金融定位于小微金融服务的不断"下沉"。首先充分利用其所拥有的庞大的客群数量以及其行为记录、历史数据以及金融科技在业务全流程中应用等方面的优势。根据掌握的信息，发现客群的需求，满足其需求，并管控风险。2020年以来，度小满金融的信贷用户中，有超过70%的用户是小微企业主。度小满金融信贷业务已累计为小微企业主提供3000亿元无抵押信用贷款，其中四成以上的企业主雇佣员工人数在5人以下，人均放款额同比增加35%，平均利率同比下降10%。[①]

综上所述，中国已形成多层次的微金融供给体系，见表3-1。

表3-1　　　　　　　　　　多层次的微金融供给体系

微金融机构	微贷业务上具备优势	小微金融贷款情况	放贷能力与放贷意愿
国有大型商业银行	资金、规模、网点优势，加大信贷投放，保持较低的融资成本，纯线上、标准化、小额的信贷产品模式，降低运营成本，并使信贷资产在区域上、行业上尽量分散	工行体量最大，中行增速最快，建行产品创新力度大。整体贷款利率低	放贷能力强，放贷意愿低。（容易分散风险）

---

① 2020年12月15日，在中国互联网金融协会、北京市地方金融监督管理局等联合主办的2020第四届中国互联网金融论坛上，度小满金融CEO朱光发布。

续表

微金融机构	微贷业务上具备优势	小微金融贷款情况	放贷能力与放贷意愿
股份制商业银行	业务优势和技术优势、资产质量、服务质效显优势	整体市场份额下降,各行之间分化大。资产质量受宏观经济影响下滑,零售模式风险相对较小,业务不断调整	放贷能力较强,放贷意愿强
城商行、农商行	在传统的小企业贷款市场占据主要市场份额。通过发挥线下团队优势,贴近地方、管理灵活的本土优势提供差异化产品	加速发展小微金融,整体市场份额提升。深耕本地市场,产品灵活	放贷能力低,放贷意愿更强
互联网金融机构	AI算法、智能风控技术。线上大数据分析能力依托在个人智能信贷领域的强大能力,开展"企业主+企业"相结合的双中心小微企业风控模式	小微企业主以年轻男性为主,需求场景以日常生意周转为主,借款频率高,信贷效率高。平均利率低	放贷能力较低,放贷意愿强

资料来源:笔者整理。

第三节 微金融的发展历程与主要模式

一、微金融的发展历程

(一) 微金融发展的最初阶段

改革开放初期,国外的一些非政府机构在云南、贵州等西南省份进行的小额信贷项目试验可以看作中国微金融的开始,这一时期是中国对国际上小额信贷发展经验的借鉴时期。整体来看,小微企业因政府相关政策的支持实现了快速发展,微金融也因此得到了发展。

1980年之后,中国提出恢复和发展个体经济的一系列政策带来了中小微企业的蓬勃发展。1984年,《中国工商银行城镇个体经济贷款办法》的出台,大型商业银行开始拓展个人融资业务,推出面向个体经营户或专业户的抵押担保贷款模式,这一贷款模式的广泛推广使得1985～1986年中国个人融资规模连续两年同比增速超过35%,同时壮大了一批中小微企业。

20世纪90年代初,中国金融机构迎来改革,市场化是重要目标,但这一时期的中小微信贷的需求仍未被大规模满足。1994年，大型商业银行将发展的重点放在城市，撤并了县及县以下的金融机构网点，使得这些地方的金融发展处于收缩状态。

（二）微金融发展的第二阶段

为应对1997年东南亚金融风暴对中国的中小微企业的影响，1998年4月，四大国有银行纷纷成立中小企业信贷部，挽救了大量小微企业，但这仍未全面填补小微企业的资金需求缺口。这一时期，银行为了严格控制风险只接受房产抵押贷款，缺少房产的小微企业因此无法获得贷款。这一时期，中国的社会融资总额的90%依赖传统商业银行的间接性债务融资支撑。在当时的金融体系和融资模式下，资金容易被错配，"马太效应"在金融领域表现明显，中小企业很难从银行得到融资。

1999~2000年，政府开始高度重视中小企业的资金需求问题，尤其是包括农民个体户在内的小微企业的资金需求问题。1999年，中国人民银行出台的文件中明确规定，正规金融机构采用个人信用贷款和联保贷款两种贷款项目，来满足小微企业及农民个体户的融资需求。这两项贷款覆盖面最广的时候覆盖了约8000万农户。2000年之后，政府全面试行并推广微金融活动。在试行推广的商业性微金融业务中，还积极吸引社会民营资本与外资的进入。在国家正规金融机构中，农村信用社开始介入，并成为微金融的主力。

（三）微金融发展的新阶段

2005年包商银行率先开展了以微贷为核心的微型金融项目，这一项目得到了国家开发银行的支持。从2005年12月开始，中国人民银行批准在5个试点省（区）先后成立了7家商业小额贷款公司，这意味着与微金融概念相符的微金融机构的正式成立。微金融的概念首次出现在2006年的中央一号文件中。在2006年12月份，农村金融"新三类"机构获批成立，扩大了微贷业务开展的范围。到2007年底，就扩大到12家城市商业银行，这些城市商业银行的微贷业务覆盖了不同省份的100多个城市。到2010年，"一个主体多个辅助"的新型农村金融机构的格局基本形成，其中，新型农村金融机构的主体机构是农村信用社，新型农村金融机构的辅助机构包括邮政储蓄银行、村镇银行以及农村资金互助社等机构。

从 2010 年开始，移动互联网技术开始对各个领域产生巨大影响。随着电子商务和第三方支付的成熟，流量思维和数据思维逐渐改变了传统金融机构原有的强烈依赖线下信审和尽调的模式。一场数字化变革由工商银行等国有大型商业银行率先打响数字化金融变革，股份制商业银行及中小银行紧随而上。数字化在一定程度上填补了信息的沟壑，小微企业普遍缺乏的"硬"抵押产品不再是唯一信用评价指标，原来不被小微企业重视的"软"的数据信息，开始成为金融机构进行决策的依据。有助于实现数字化加持的银行精准触达小微企业，满足小微企业多样化的微金融服务需求。

中共十八大以来，以人民为中心的发展思想被应用到金融领域，从而对普惠金融的发展提出了新要求，即追求更高质量发展的要求。2017 年 6 月底，除中国邮政储蓄银行外的五家国有商业银行出台了设立普惠金融事业部的具体方案。城市商业银行、农村商业银行以及农信社等金融机构也积极参与到微型金融市场中，从而提高了微型金融市场的活力。中国人民银行在 2020 年与 2021 年下达了针对发展普惠金融的多项硬性指标。到目前为止，多元化、多层次与广覆盖的普惠金融机构和普惠金融产品体系已基本形成，这有助于持续提升小微企业金融服务的可获得性。微金融作为普惠金融的一部分，也一同进入发展的新阶段。

由此可见，微型金融的发展过程是伴随着国家政策配套相应跟进的过程。从改革开放之初的小额信贷项目试验阶段，到微型金融的重要性被从国家层面给予充分认识之后的微型金融阶段，再发展到覆盖社会所有阶层的普惠金融阶段。

二、微金融的主要模式[①]

（一）IPC 模式

IPC 模式，又称为"人海战术模式"，来源于德国，在拉美、中亚、非

[①] 注意有些成功经验不易进行简单复制。例如，台州银行位于民营经济、小微企业十分发达的东部地区，这是产生三家优秀的小微业务专业银行（台州银行、泰隆银行、民泰银行）的先天条件，其他地区在不具备这一先天条件时，未必能够复制其经验。而网商银行、网众银行则依托其股东方强大的互联网平台优势，拥有客户源和大数据源，也难以完全复制，具有重要条件的微金融结构并不多。

洲、东欧等地区成功实施，于2015年引入中国，应用于多家城市商业银行、农村商业银行，以中国东南沿海小微企业密集地区的台州银行、泰隆银行等城市商业银行为代表。城市商业银行是服务小微企业的"主力军"，虽然在资本规模、信息科技、产品创新等方面与国有大型商业银行和全国性股份制商业银行存在差距，这些中小微银行采用信贷人员下到社区与村落最基层，深入田间地头的方式，通过实地细致的调研与跟踪来缓解银企之间的信息不对称。再加上地方金融机构天然具有的地缘优势和较熟的人脉关系，以及规模小、决策链条短的优势，使得银企之间的信息不对称程度相对较低，因此可以在掌握准确和完备的信息之后，完成风险定价。这些银行采用的"人海战术"模式在很好地支持当地中小微企业发展的同时，还为自身带来了可观的利润，实现了银企共赢。监管部门对于此类微金融供给方要引导和鼓励其转变经营定位与理念，通过增设社区支行和小微支行，为小微企业提供专业、便捷、贴心的金融服务。

（二）信贷工厂模式

信贷工厂模式来源于新加坡"淡马锡模式"，主要应用于个人消费贷和小微企业经营贷。信贷工厂模式的重点在于构建专业化经营、流程化管理、以金融科技为引领的小微企业金融服务体系，以提供综合金融服务为目标。采用信贷工厂模式的金融机构依托于自身的资产规模与信息技术优势，不断开发出更能满足小微群体需求的，丰富的、创新性的金融产品。目前，以建设银行、民生银行为代表的国有大型商业银行和股份制商业银行等大中银行采取的是"人工＋数据"的综合模式，分工明确，效率高。

（三）大数据信贷模式

大数据信贷模式，又称为"互联网金融模式"。随着利率市场化的推进和国家对互联网金融的扶持政策出台，以及互联网技术、大数据技术的兴起，不少互联网公司开始参与小微金融业务，基于其所掌握的客户数据并结合数据挖掘技术，实现在线授信，既高效，又扩大了对中小微企业的信贷服务覆盖面。互联网金融的快速发展为小微企业信贷业务开拓了新的渠道，对传统金融业务具有一定的冲击。依赖原有的抵押担保或现金流信息开展小微信贷业务的成本较高，不能满足大数据时代的大批量、高频率的小微企业的金融需求。为破解融资成本难题，提高贷款决策的有效性和科学性，需要充分利用大数据模式的优点。大数据信贷模式重点强调金融科技创新的重要性，以提供多元化、定制化的不断满足小微企业不同需求的金融服务为导向，不断扩大经营范围，同时不断深化服务领域，实现了降低融资成本的同时，打破空间和时间的限制，提升客户覆盖量。

（四）微金融模式的比较与应用

随着全球经济的不断发展和金融不断深化，发达国家的银行业出现"脱媒"现象。根据发达国家的经验，随着大型企业客户将逐渐转向资本市场融资，我国银行业的客户将会以小微企业及个人为主。银行作为小微信贷最主要的直接供给方，全国性银行一般能更好地分散风险，享受规模经济，在核心企业客户资源、风险管理系统及IT能力上具有优势。

1. 微金融模式比较

微金融在国内发展的进程中主要形成了三类主要模式：IPC模式、信贷工厂模式和大数据信贷模式，这三类模式致力于在不同领域。其区别如表3-2所示。

表3-2　　　　　　　　　　微金融模式比较

类别	IPC模式	信贷工厂模式	大数据信贷模式
含义	系统地在线下开展小微信贷业务的工作方法	仿照工厂的流水线，批量化生产中小企业融资产品的运营模式	依托大数据和云计算在开放的互联网平台上形成的功能化金融业态及其服务体系
核心内容	1. 考察借款人的偿债能力 2. 衡量借款人的还债意愿 3. 公司内部操作风险的控制。对客户经理的激励和约束机制是IPC制度建设的核心内容	将信贷业务流程中的各个环节标准化和批量化操作，产生规模效应，提升工作效率，降低运营成本，满足小微企业"短、小、频、急"的贷款需求	一是基于海量大数据为客户的信用数据，自动化审批；二是基于信贷模型放款，无人工干预收集数据，再通过模型，转换为信用评价，做出决策
代表机构	台州银行 泰隆银行	民生银行 建设银行	微众银行 网商银行

续表

类别	IPC模式	信贷工厂模式	大数据信贷模式
作业模式	1. 依赖人：劳动密集型、事业部制 2. 以还款意愿和还款能力作为放贷依据，注重实地调研和交叉验证，结合软硬信息分析	1. 评分卡的开发与应用。根据事前设定的标准进行自动化的审核，减少人为判断。 2. 自动化程度不断提升，对于金额较小的贷款基本采用全自动化审批	以数字化驱动、智能化管理的模式，数据是由网络中的每个用户自动生成，取代了传统高度依赖于人的方式
优点	线下风控模式，欺诈风险低；业务员全流程参与，沟通成本低；产品定价灵活	分工明确，效率高；客户经理、审批人员和贷后管理人员各司其职，独立验证；异地开展业务上具有优势，可快速抢占市场	具有核心数据获取优势，对贷款客户有控制力、对质押物有处置能力；降低了业务成本，打破了空间上的限制，大幅提升了客户覆盖量
不足	对业务员的能力和素质要求高；贷款审核周期长；过度依赖业务人员的判断，道德风险高；不能解决的是控制成本的前提下，发展规模	前期系统及模型开发的投入较大；需要设立的岗位增加，人员管理难度提升；缺乏对贷款客户差异化调查，容易忽视潜在风险点	高度依赖大数据，受核心企业客户资源及核心企业配合程度的限制；涉及线下，资产较重
适用银行	传统小微银行	大型传统银行	互联网银行

资料来源：笔者整理。

2. 微金融模式的应用

一是IPC模式的应用。小型银行一般采用IPC模式在本地展业，在线下获取软信息方面比大型商业银行具有优势。从台州银行、泰隆银行等的财务数据上看，IPC模式在很好地支持小微企业发展的同时，还为银行带来了可观的回报，实现了小微企业和小型银行之间的共赢。国内各地商业银行大部分对台州模式给予肯定，表现在开始学习、调研台州模式，但同时也认为台州模式的成功经验很难能够进行简单复制。主要原因在于，不少地区无法复制台州市所具有的先天条件，即台州市作为中国国内民营经济、小微企业十分发达的地区，是台州银行、泰隆银行等优秀的小微业务专业银行的诞生地。但国内具有开展小微业务优势的银行（如城市商业银行和农村商业银行）一般可以借助利基优势，走经营差异化竞争的路线，在本地区或本领域（比如互联网）建立起竞争壁垒，具有很强的议价能力。

二是信贷工厂模式的应用。在2013年之后，随着互联网技术、大数据技术的兴起，大中型商业银行结合自身资金规模大的优势，充分利用互联网技术、大数据技术提升其小微信贷服务能力，实现对小微企业高效的信贷服务覆盖。利用信贷工厂模式可以在提高微金融服务效率的同时，降低小微企业的融资成本，更好地满足小微企业"短、小、频、急"的融资需求，有助于缓解小微企业融资难、融资贵、融资慢等难题。随着更多大中型商业银行借助金融科技手段介入小微业务，这一领域的竞争将加剧。

三是大数据信贷模式的应用。网商银行、微众银行主要依托其股东方强大的互联网平台优势拥有客户源和大数据源，因具有这一重要条件的微金融机构并不多，所以其模式也难以被完全复制。金融科技公司作为独立第三方平台，其经营的核心能力在于资产端的专业性，协助银行获取资产、风险定价及风险管理，做深做细小微金融领域，通过建立精细化的业务流程和精准化的数据模型，并在成功后尽快进行复制，从而形成规模效应。

本章小结

本章首先介绍了小微企业的基本特征，然后介绍了微金融供给主体及其功能定位。最后介绍了微金融的三个发展阶段以及微金融的三种主要模式，并对这三种模式进行了比较分析。

（1）微金融需求主体——小微企业的基本特征。本章的研究是从小微企业的基本特征开始的，小微企业的存在，丰富了中国市场经济的深度与广度。小微企业的基本特征可以细分为：主体自身方面、经营管理方面、经营风险方面、融资需求特征方面等。第一，小微企业的主体特征：数目巨大，分布于城乡；组织形式灵活多样，生命力顽强；小微企业主一般守信；企业生命周期短，发展中面临着的不确定性大。第二，小微企业的经营管理特征：以流动资产为主，固定资产较少；经营规模与用工规模都较小；内部管理制度不够健全，财务报表不够规范；经营可持续性较差，市场竞争力弱但对市场变化敏感，易于调整经营方式。第三，小微企业的风险特征：总体来看，信用风险相对较高。具体体现在：抵押财产不足，很难适用固定资产抵押的风险控制策略；缺乏规范的财务记录，对其进行风险评估的依据不足；小微企业整体来看资本实力相对较弱，导致不良贷款率高。第四，小微企业的融资特征，这是分析的重点，原因在于，能否获得所需融资直接影响到对小微企业的生存与下一步的发展。小微企业的融资特征：呈现所需金额相对较小但时间要求相对紧急等；是生产经营和生活消费的混合需求；在企业不同成长阶段的融资需求各不相同；融资需求分散于众多客户、下沉到城乡基层；很多小微企业存在民间借贷等。

（2）微金融供给主体及其功能定位。小微企业具体细分为小型企业、微型企业和个体经营户三类，其中，小型企业被称为"头部小微"，微型企业和个体经营户被称为"长尾小微"。在信贷市场逐渐形成了"头部小微"与"长尾小微"的市场分层，与之相对应的，不同微金融供给主体提供的微金融产品和服务也形成了差异化的市场格局。具体表现在：第一，大型商业银行在服务"头部小微"方面有着绝对优势，这些优势体现在资金实力、业务资质以及科研实力等方面。第二，地方金融机构的天然优势是贴近基层，通过持续扩大服务半径，将金融服务触角逐渐向基层、向小微包括涉农经济体进行延伸，进而拓展其服务的广度。对此，主要以台州银行、宁波银行为例进行了介绍。第三，其他微金融供给主体如小额贷款公司，将数字技术应用到金融服务中，不断完善自身的业务模式和经营方式，降低经营成本，简便手续，便捷发放贷款。以网商银行、360 数科等为代表。

（3）微金融的发展历程与主要模式。微金融有三种主要模式：第一，应用于多家城市商业银行和农村商业银行的 IPC 模式，以台州银行、泰隆银行为代表。第二，应用于大中商业银行的信贷工厂模式，以中国建设银行和民生银行为代表。第三，应用于互联网金融的大数据信贷模式，以微众银行、网商银行为代表。这三种模式在核心内容与作业形式等方面存在各自的特点。特别需要指出的是，尽管国内各地商业银行大都对台州模式给予肯定，开始对其进行学习与调研，但同时也意识到很难对台州模式进行简单复制。其主要原因在于，其他地区并不完全具有台州市的先天条件。

| 第四章 |
微金融支持小微企业发展的现状与问题

第一节　微金融支持小微企业发展的现状

随着国务院多部门各种政策的陆续出台、制度体系建设不断加强，金融生态环境明显改善，金融服务覆盖面有效扩大，小微企业的金融可得性大幅提升，金融线上化得到快速发展。

一、小微企业融资难和融资贵得到初步缓解

小微企业融资难得到初步缓解体现在"量增"和"面扩"：小微企业享受到更充裕的资金支持。2020年12月末，全国普惠型小微企业贷款余额超过15万亿元，同比增速超过30%。[①] 2020年以来，各地通过完善金融信用信息服务平台、提升小微企业首贷率等措施，大幅降低了小微企业的融资门槛，拓宽了金融服务的覆盖面。截止到2021年6月末，普惠小微贷款余额17.7万亿元，同比增长31%；支持小微经营主体3830万户，同比增长29.2%。[②] 目前，监管部门在全国范围内复制推广台州模式和苏州模式，促使小微企业

[①] 2021年3月2日，中国银保监会主席郭树清在国新办新闻发布会上介绍。
[②] 2021年7月13日由国务院新闻办公室举行的新闻发布会上，中国人民银行金融市场司司长邹澜介绍2021年上半年金融支持中小微企业发展情况。

首贷率、获贷率和信用贷款比率同时上升。在金融科技领域，360数科的数据显示，其平台上注册资本500万元以下用户占比69.53%，零售批发业、住宿餐饮业和制造业占比处于前三位。信也科技财报显示，仅2021年第一季度，累计为超过30.5万家小微企业主提供44亿元借款，超过2020年全年的37亿元借款。

小微企业融资贵得到初步缓解体现在"价降"：2021年以来，人民银行持续释放贷款市场报价利率改革红利，通过优化存款利率监管，不断推动实体经济综合融资成本下降。2021年上半年，小微企业新发贷款合同利率5.18%，分别比上年同期和2019年同期低0.3个和1.06个百分点，金融机构持续让利小微企业和个体工商户。[1] 由此可见，小微企业融资成本在不断下行，体现出金融对重点领域精准支持的力度不断加大。

二、小微企业和个体工商户的获得感和便捷性得到了提升

"建行·新华普惠金融-小微指数"[2] 第十期成果于2021年1月11日在北京发布。数据显示，2020年第三季度，针对小微企业的融资供给和融资效率均有所提升，融资成本和融资风险维持下降趋势，小微企业金融服务可得性显著上升。2020年，银行机构在信息科技资金中的总投入为2078亿元，同比增长20%，截至2021年3月2日，六家国有大型商业银行中的五家银行已成立了专门的金融科技公司。大型商业银行开始进行的数字化转型，提升了小微企业获得金融服务的便捷性。[3] 例如，平安租赁搭建了为中小微制造业客户提供设备融资支持的全线上化、智能化的中小企业智能金融服务平台。民生银行提供在线融资申请、远程合同面签、线上自动放款等服务；泰隆银行推广PAD金融移动服务平台，为客户提供上门服务。互联网银行的发展，也提高了小微融资的可得性。2019年，12.3%有融资缺口的小型企业以及

---

[1] 2021年7月13日由国务院新闻办公室举行的新闻发布会上，中国人民银行金融市场司司长邹澜介绍2021年上半年金融支持中小微企业发展情况。

[2] 中国建设银行与中国经济信息社联合编制的"建行·新华普惠金融-小微指数"，第十期成果包括融资指数、服务指数、发展指数和营商指数四个系列指数。指数可以反映小微企业融资服务及融资环境情况，展现小微企业融资现状与发展趋势。

[3] 中国银保监会主席郭树清2021年3月2日指出，数字化转型助力开拓普惠金融新局面。

49.7%有融资缺口的微型企业和个体经营者从互联网银行进行融资。82.3%的微型企业和个体经营者认为贷款比2016年前容易、便捷。[①]

三、各金融机构为支持小微企业发展所做的努力

（一）设立小微企业金融服务机构

国有商业银行设立了小微企业信贷专门服务机构，体现了对小微企业的重视。大到国有大型商业银行及股份制商业银行，小到全国各地区域性的城市商业银行和农村商业银行，从传统银行到网商、微众等互联网银行，纷纷加大了对小微企业的支持。

例如，加强对于小微企业信贷增速的考核，建立激励约束机制，部分银行将小企业金融业务列为"一把手工程"，地方金融机构加大小微企业支持力度，表现在人力资源配置和制定信贷计划等方面向小微企业倾斜。针对小微企业"短、小、频、急"的资金需求，城市商业银行、农村商业银行、农村信用社、村镇银行等地方金融机构贴近城镇社区，深入偏远地区，扎根当地，为所在地小微企业提供更好的金融服务。2020年全国小微企业贷款余额显示，农村金融机构提供的小微企业贷款占比超过1/3，如果加上城市商业银行，占比超过1/2。中国利用信用保证保险的融资增信作用，通过"保险+贴息"方式，创新"银政保"协同模式，各类农业保险、农村小额人身保险、涉农小额贷款保证保险向贫困地区倾斜，降低了小微企业融资门槛和成本，开启保险行业的微金融服务。其他小额贷款公司、典当行、融资租赁公司、商业保理公司、融资担保公司以及地方资产管理公司等准金融机构发挥了差异化补充作用，体现在准金融机构通过开发线上产品，缩短了小微企业的融资周期，有助于缓解小微企业融资问题。

（二）开发金融产品，拓宽小微企业融资渠道

近年来，随着银行业竞争的加剧，各大商业银行不断开发小微企业产品和服务。例如，围绕地方特色产业，推出"订单融资贷款"、小企业周转贷款、惠农贷款等。在银税互动、双创贴息、创业担保等小微金融服务方面，

---

① 全国工商联、国家金融与发展实验室、蚂蚁集团研究院《2019—2020小微融资状况报告》。

全力推进"接续贷""税e融"等效率优势产品。在推动产业精准扶贫方面，推出"两权抵押贷款""大棚贷"等产品。六大国有商业银行为配合"银税互动"贷款政策均已推出相关的小微企业信贷产品，例如，工商银行的"税易贷"，农业银行的"税e贷"，建设银行的"云税贷"等。自2015年推出以来，"银税互动"贷款规模快速增长，仅2019年一年全国"银税互动"贷款的笔数就超过了前四年的总和。中国银保监会官网2021年4月30日发布的信息显示，2021年3月末仅个体工商户"银税互动"贷款余额就达到了107亿元，同比增长超过4倍。对税务机关来说，"银税互动"提高了纳税信用的影响力和公信力，丰富了税收征管服务大数据的融资信用维度，真正实现了信息的互利共享。对银行来说，有利于银行准确判断企业诚信状况，根据自身优势和重点方向开展业务创新，精准发展优质客户；对小微企业来说，提升了小微企业融资的可获得性，并降低其融资成本。

2020年众多银行与金融科技服务商合作创新，在产品创新、基于数据的智能风控技术、品牌体系建设等方面加速变革，探索出适用中国小微企业的管理体制与服务模式以及微金融产品。

（三）提高服务效率，降低小微企业融资成本

对金融科技手段的运用，使得小微金融服务能力不断提升。从传统风控视角来看，小微企业经营周期短、抗风险能力弱、基础数据匮乏，运用科学技术可以缓解以上问题。央行《金融科技发展规划（2019—2021年）》鼓励开展数字普惠金融创新探索。银行等金融机构借助金融科技，加快创新微金融产品和服务模式，不断满足小微企业多样化的金融需求，大力支持小微企业发展和经济增长。

国家陆续出台的一系列扶持小微企业发展的政策使各家金融机构意识到小微金融的经济社会价值，不断进行小微金融业务创新。互联网、大数据、云计算等信息技术的运用使微型金融市场迅速崛起，有助于金融机构为小微企业提供多元化、差别化的融资需求。不同的金融机构基于自身优势，利用数字技术、互联网平台，建立了各自的品牌和专业化运营团队，例如，建设银行利用自身的科技和数据优势，进行小微企业业务流程再造，开发"惠懂你"App，建立"小微快贷"线上化业务模式。再如，台州农信创新推出"3分钟申请、1分钟放款、0秒到账"的"普惠信易贷""小微易贷"数字信用贷款产品，该产品

能够实现对接数字平台将"企业信息"转化为"贷款额度",用信用为企业画像,帮助企业实现线上一键式全程办理贷款,贷款额度为 20 万~300 万元。[①]

小微企业主与小微企业存在家企不分的特点,对小微企业主个人的信用评估就相当于在评估其企业。互联网金融机构多数采用以个人为信用主体的融资模式,利用金融科技的手段将其进行规模化,进一步降低小微企业主的融资成本。同时,考虑到小微企业对资金需求时效性要求较高,互联网金融利用大数据、人工智能等技术手段,基本可以实现当天放款,极大满足了小微企业紧急的资金周转需求。例如,微众银行推出的"微业贷",其业务范围覆盖 27 个省份的小微企业,全国小微企业贷款户中的 1/14 是其用户;"首贷户"占比超过 60%,这是中国第一个"全线上、无抵押的企业流动资金贷款",以"1 分钟,1 部手机,服务 200 家企业"的互联网效率,满足了小微企业"短、小、频、急"的融资需求。[②]微众银行通过数字化、智能化、无接触服务,极大方便了小微企业主贷款业务的办理。

(四)积极促进供应链金融发展

借助金融科技,中国供应链金融已经进入数字供应链时代。监管部门在 2020 年出台了一系列的供应链金融指导意见。例如:2020 年 3 月,中国银保监会发布《关于加强产业链协同复工复产金融服务的通知》;2020 年 6 月,人民银行发布《标准化票据管理办法》;2020 年 9 月,中国人民银行、中国银保监会等八部委共同发布《关于规范发展供应链金融支持供应链产业链稳定循环和优化升级的意见》。这些文件当前已成为小微金融基础设施建设的纲领性文件。

人工智能、云计算、大数据、物联网等前沿技术的研发应用,再加上区块链的应用促进了供应链金融的发展。除六大国有商业银行和股份制银行外,浙商银行、平安银行等金融机构也开始发力供应链金融。例如,浙商银行的应收款链平台,平安银行的"平安好链"等。

由于借助"区块链+供应链"金融平台,可以实现核心企业信用的传递,使多级供应商的贷款利率下降,可以说是有利于银行、核心企业、小微企业三方。对银行来说,一方面,由于客户群体大幅增加,其触达长尾的可能性变大,

---

① 台州银行 2020 年度社会责任报告。
② 转引自互金商业评论,微众银行:践行普惠金融,"微业贷"已触达 188 万家小微企业。

另一方面，由于贷款利率高于原一级供应商，利润空间变大；对于核心企业来说，由于产业链的资金成本降低，会提高产业链的竞争力，进而提升核心企业产品的竞争力；对于小微企业来说，不仅可以满足其资金需求，还降低了融资成本。建设银行目前是六大国有商业银行中唯一披露具体供应链金融规模且规模最大的银行。

（五）银行加快数字化转型和金融科技建设

近些年来，银行等金融机构不断加大金融科技投入。据中国银保监会公布，仅 2020 年，银行、保险机构信息科技资金总投入分别为 2078 亿元、351 亿元，同比分别增长 20%、27%。其中，六大国有商业银行 2020 年科技投入资金规模约为 956 亿元，同比增速达 33.50%。[1] 12 家股份制银行中，仅招商银行、中信银行、浦发银行、光大银行、兴业银行、平安银行、华夏银行等 7 家在 2020 年共计向金融科技领域投入 421.60 亿元，同比增长 31.06%。由此可见，无论是国有六大商业行还是股份制银行的科技投入占营业收入的比重大体上都呈现不断上升趋势。[2]

除了资本投入，银行等金融机构不断扩容科技人才团队进行金融科技比拼。[3] 在六大国有商业银行中，工商银行、建设银行科技人才规模破万，分别达到 35400 人和 13104 人，占员工总数的 8.1% 和 3.51%。农业银行、中国银行、交通银行科技人员总数分别为 8056 人、7696 人、3976 人。[4] 在股份制商业银行中，招商银行与平安银行科技研发人员数量最多，分别为 8882 人（含外包）和 8500 人，其余六家的该项数据均破千，浦发银行为 5859 人，中信银行为 4190 人，民生银行为 2625 人，兴业银行为 2331 人，光大银行为 1965 人，浙商银行为 1800 人。[5]

目前，中国科技赋能小微金融的典型模式有：一是以建设银行为代表的

---

[1] 2021 年 3 月 2 日，中国银保监会主席郭树清在国新办召开的例行新闻发布会上公布的数据。
[2] 转引自中国电子银行网整理的 2020 年 A 股上市银行年报中披露的各类金融科技投入数据。
[3] 2020 年 38 家 A 股上市银行当中过半数银行披露了科技人才具体数量。
[4] 邮储银行未公布 2020 年科技人才具体数量。董事长张金良在 3 月 30 日举办的业绩发布会上表示，2021 年底科技人才规模将达到 5000 人左右。
[5] 根据各银行已公布的年报整理。有关 2020 年上市银行科技人才数据请见中国电子银行网 2020 年报专题"图读年报"板块。

传统银行。建设银行的"小微快贷"在内深挖银行海量信息，在外连接税务部门、海关部门等政府部门等数据，进行小微企业生产经营信息和数据交叉验证，对小微企业进行精准画像，缓解银企之间的信息不对称。二是以网商银行为代表的互联网银行。大数据、区块链、人工智能、云计算等技术有助于网商银行将其拥有的客户交易支付的大量数据，转化成其信用评价数据，进而帮助网商银行作出是否为小微商户提供融资服务的决策。三是以360数科为代表的科技公司。依托在个人智能信贷领域的强大能力，开展"企业主＋企业"相结合的双中心小微企业风控模式。各金融机构在应用金融科技的过程中不断创新金融产品和服务，制定各自的金融科技战略。

四、微金融发展的相关政策与法律不断完善

（一）2020年主要政策

（1）在税费减免方面。具体来看，首先在社会保险费用单位缴费以及小规模纳税人增值税等方面，将减税降费政策延缓到2020年底；其次，在小微企业行政事业性收费方面实行减免，并将小微所得税延缓到2021年。

（2）在降低经营成本方面。鼓励引导各大平台企业在自身条件许可的情况下，适当降低为小微企业服务的相关费用。

（3）在信贷方面。第一，延长中小微企业贷款还本付息；第二，小微企业信用贷款更容易等；第三，降低小微企业综合融资担保费率；第四，提高支农支小业务占比。

（4）在支持小店经济方面。放宽注册营业执照时对经营场所的限制，允许以住宅、电子商务经营者以网络经营场所进行注册，放宽临时外摆限制，并且小店可按有关规定申请创业担保贷款以及申请财政贴息支持。

（5）在各类企业融资对接平台建设方面。目的是为各类企业提供融资对接服务。

（6）在调整中小银行拨备覆盖率方面。目的是不断扩大小微企业生存与发展的空间。

（二）2021年主要政策

（1）在信贷方面。将2020年的相关小微企业贷款政策进行延续。2021年3月，进一步延长两项直达工具实施期限到2021年底。2021年4月25日，中国银保监会发布保持稳定高效的增量金融供给的通知等。

（2）在减费让利方面。例如，推出12项降费措施，在2021年9月30日后开始实施。

总之，以上政策的推出改善了小微企业的融资环境。上述财税政策的落实使得小微企业的经营成本得以降低，小微企业可以把更多的资金用于科技研发和人才培养等方面，有利于小微企业的转型升级。上述金融政策对于小微企业来说，其融资的氛围更好了；对于金融机构来说，其服务小微企业的意愿提高了，有利于缓解当前存在的小微企业融资难题。

（三）金融监管法规不断充实法律保障体系

2020年5月28日通过的《民法典》，对保护个人信息安全、人身权利安全等方面的规定进行了完善。2020年8月20日发布了调整了民间借贷利率的司法保护上限的规定。2020年9月7日发布了对小额贷款公司通过以非标准化融资形式或通过标准化债权类资产形式融入资金的余额与其净资产的关系给出了具体限制的通知。

《个人信息保护法（草案）》等议案于2020年10月12日被首次提请全国人大常委会第二十二次会议审议，该议案主要是对个人信息保护问题征求意见。2020年11月2日发布的《网络小额贷款业务管理暂行办法（征求意见稿）》第一次对小额贷款业务进行了相关限制，意味着小额贷款公司正式纳入中国金融监管体系。

五、小微企业融资担保业务风险分担体系持续完善

中国融资担保行业建立了五大体系。第一，已形成了较为完备的制度规则体系。第二，形成了多方共同支持的政策扶持体系。第三，建立了中央地方各司其职的监督管理体系。目前，融资担保行业由中央金融监管机构负责规则和制度的监管，由地方人民政府主要负责机构的日常监管。第四，建立

了结构合理、竞争有序的结构体系。目前已经建立了国家融资担保基金、省级再担保和省内融资担保机构三级组织体系。第五，形成了丰富多样的担保产品体系。

面向小微、"三农"和创业创新企业的准公共性质基金的国家融资担保基金于2018年正式成立，至2021年第一季度基金累计完成再担保合作业务规模达8460.52亿元。其中，2021年第一季度，完成再担保合作业务1369.08亿元、9.61万户，同比增长58.28%、83.69%。[①] 同时，各地加大体系建设力度，支持辖内机构扩大业务覆盖面。截至2021年第一季度末，纳入合作的市、县级融资担保机构为1222家。基金再担保合作业务覆盖25个省（区、市）、5个计划单列市的2019个县区。一方面，聚焦支农支小融资担保主业，提高小微、"三农"主体贷款可获得性。2021第一季度基金支农支小再担保合作业务规模占比达98.62%。另一方面，担保费率继续降低。2021年第一季度平均担保费率降至0.87%，受保小微、"三农"市场主体综合融资成本降至6.05%。[②] 2021年对单户融资金额100万元及以下业务免收再担保费，100万元以上业务减半收取再担保费的政策再延续半年。基金启动全国政府性融资担保数字化平台建设专项工作，加快向"互联网+担保"发展模式转变。2021年5月14日，国家融资担保基金与国家公共信用信息中心签署了战略合作协议，双方将依托全国信易贷平台，充分发挥"政府性担保增信+信用信息"的合力，支撑银行业金融机构开发"信易担"专项信贷产品，将积极引导更多金融资源持续流向小微企业，助力缓解小微企业融资难、融资贵问题。

六、征信体系建设及小微金融征信服务进展状况

中国现代征信体系在建设中坚持"征信为民"的理念。从1992年开始在深圳进行试点。从2010年开始，对外提供金融信用信息服务职能的是金融信用信息基础数据库。征信体系建设的法律依据是发布于2013年的《征信业管理条例》。截至2020年末，大约11亿自然人的信用信息、大约6092万户企业，以及其他社会组织的信用信息，已经被中国人民银行征信中心收录。

[①②] 国家融资担保基金，http://www.gjrdjj.com/content/details_20_828.html，2021-05-17。

此外，中小微企业信用信息系统从全国范围来看，到2020年各地共建设了209个。①

目前，国内小微企业征信服务采用的是国际上以德国为代表的"政府＋市场"模式。其中，政府征信机构是央行征信中心，央行征信中心在金融信用信息基础数据库的基础上，对金融机构所拥有的信贷数据进行系统的分析，提供信用报告供行政主体和市场主体在进行风险管理、做出相关决策时进行使用。与央行征信中心相比，市场化的征信机构可以提供更加灵活的市场化征信服务，可以据此来解决小微企业与金融机构之间的信息壁垒问题。截至2020年底，全国已有131家企业征信机构；个人征信主要有百行征信和朴道征信有限公司，其中，百行征信于2018年5月在深圳注册成立，朴道征信有限公司于2020年12月经中国人民银行批准获得个人征信业务许可。

国内唯一一家同时拥有个人和企业征信双业务资质的是百行征信。百行征信通过接入税务、工商等政府行政部门数据，研发推出包括数据共享类、风险识别类、经营分析类以及解决方案类共四类企业征信产品和服务数据。2020年底，百行征信正式上线测试"白户"征信服务平台，目前该平台除提供挖掘替代类数据价值外，还能够提供包括"白户"信贷全生命周期的征信服务。

目前发展比较成熟的市场化征信机构还有一些征信服务有限公司，例如苏州企业征信服务有限公司、深圳微众税银信息服务有限公司、成都数联铭品科技有限公司等。这些征信服务有限公司主要提供可以用于银行信贷、交易风险识别、反欺诈等方面的征信产品。例如，相关银行通过与苏州企业征信服务有限公司进行合作，降低了小微企业的信用贷款利率；相关金融机构通过与深圳微众税银信息服务有限公司的合作，有效解决了一部分小微企业的首贷难；重庆商业银行通过与成都数联铭品科技有限公司合作，降低了重庆商业银行的不良贷款率。个人征信业务作为央行征信系统的有力补充，通过为不同信息需求者提供体现个性化的征信服务，有助于社会信用体系建设的完善。

2021年1月，中国人民银行发布《征信业务管理办法（征求意见稿）》，

---

① 中国人民银行征信中心主任张子红在2021年1月25日"金融支持保市场主体"系列新闻发布会上的发言。

对信息进行了界定，明确了信息的内涵和范围。这一办法有助于明确当前征信行业如何规范发展。

七、多层次资本市场体系的发展

近年来，中国多层次资本市场体系通过市场化配置和风险定价机制，引导大量社会资金流向小微企业。

中国股权市场目前已形成主要包括主板、科创板、中小板、创业板和新三板区域性股权市场以及私募股权市场的多层次股权市场，成为中小企业发行新股、增发股票、发行可转债等进行融资的重要渠道。其中，新三板在高峰时挂牌企业数量超过万家，中小微企业占比超过90%。区域性股权市场作为多层次资本市场的"塔基"，定位于服务所在省级行政区域内数目巨大的中小微企业的私募股权市场，主要是培育孵化中小微企业，为中小微企业提供多元化金融服务方面。私募股权投资主要对互联网公司、新兴创业企业以及处于成长期或初创期的小微企业给予支持。

中国债券市场规模持续增长，除了为中小微企业直接提供融资外，还间接支持小微企业的发展。一方面，银行等金融机构通过发行永续债、二级资本债等增加了自身资本，增强了小微企业贷款的能力。另一方面，商业银行发行小微企业专项金融债的规模增加，从而增加了小微企业贷款发放量，降低了小微企业融资成本。其中，2020年，政策引导目标是发行小微企业专项金融债3000亿元。①

第二节　微金融支持小微企业发展中存在的问题

小微企业作为中国经济体的毛细血管、连着国民经济发展的大动脉。小微企业在促进经济增长、扩大就业、科技创新等方面发挥着重要的作用。小微企业金融需求主要有三类：一是融资需求，包括债权类融资需求和股权类融资需求等；二是风险管理需求，如保险和担保等；三是信息功能需求，小

---

① 2020年3月31日召开的国务院常务会议上指出。

微企业本身就在信息能力方面存在不足，如利用金融的专业能力有所不足、搜寻金融信息的能力有所不足、达成金融交易的能力有所不足等等，这些信息能力问题就产生了强烈的信息功能需求。目前，小微企业在发展中面临融资需求得不到满足，风险管理需求不足，信息能力不足，金融素养低等金融困境，其中最主要的困境是融资困境。

一、大量小微企业仍存在融资需求缺口

（一）全球疫情和经济下行背景，加剧了小微企业的融资需求

从现实情况看，部分小微企业融资难，很大程度上是内部资金紧张和外部融资困难相互作用的结果。小微企业经营过程中难免遇到包括从产品、技术、服务到供应链、物流运输等各个环节中的问题，宏观经济下行、产品销售不畅、经营盲目扩张等因素会使企业陷入经营恶化、内部资金紧张。日常运营、扩大生产规模、新产品与新技术的开发几乎占据了绝大部分的资金支出。没有充足的资金来源，就会使小微企业难以扩大生产和提高效率，进而使得小微企业在发展中退出市场或是挣扎在"破产"的边缘。这就在降低小微企业信用资质的同时，加大了小微企业外部融资的难度。此外，商业信用拖欠也导致小微企业内源融资困难。在产业链上下游企业间，核心企业在供销方面拥有绝对的话语权，通过延期付款或预收货款等方式，占用上下游小微企业生产资金，使得小微企业资金更加紧张。2019年底开始的新冠肺炎疫情进一步加剧了小微企业的融资需求。新冠肺炎疫情暴发以来，小微企业普遍面临营业收入严重下滑、仍需要支付工资与租金、现金流紧张等情况。复产复工后，不同规模市场主体复苏情况有所分化，呈现K型复苏特征：大企业总体恢复良好，而小微企业恢复能力较弱。2020年下半年以来，小型企业PMI基本位于50%的荣枯线以下，明显弱于大型企业。[①] 因此，小微企业更是需要大量周转资金，融资需求激增，尤其是从事餐饮、住宿、旅游等相关

[①] 刘晓曙，黄佳琳. 政府工作报告中银行发展方向与机会［EB/OL］. 财新网，https://www.sohu.com/a/455338099_465450，2021-03-05.

行业的小微企业。尽管政府部门出台了一系列措施，包括实施对小微信贷更大力度的倾斜政策、提供小微企业更长的不计入信用记录的宽限期、提高小微信贷业务的不良率容忍度与核销力度，适当放宽经办人员的免责尺度等，但多数小微企业仍未得到合理的救助。

2021年开始，新冠肺炎疫情出现反弹，小微企业再次受到冲击。由此可见，当前尽管金融政策对小微企业的资金支持力度在不断增强。考虑到全球疫情和经济下行背景，小微企业对融资需求较大。2020年在国家政策的号召之下，各大银行确实在增加普惠金融力度，将信贷资金向小微企业倾斜。但是，2020年全国人民币贷款余额为172.75万亿元，人民币普惠小微企业贷款余额为15.3万亿元（占比为8.86%），与小微企业对经济社会的贡献度不相称。再加上银行基于坏账风险的考量，把这些小微企业贷款就发放给了央企、国企下属的三、四级子公司。但与这些小微企业相比，真正更有迫切资金需要的，却是那些路边的商铺和小店。例如，大部分的小店经营者，启动资金靠父辈资助，日常运营靠营业收入支撑，新冠肺炎疫情期间几乎花光全部家庭积蓄，却未享受到银行的低息贷款。

（二）商业银行服务抓大放小，不能满足小微企业融资需求

在目前的小微企业融资结构中，内源融资占主导地位，外源融资占次要地位。国际金融公司的数据显示，与发达国家相比，中国小微企业存在内源融资所占比例较高，而来自银行贷款的比例则较低。原因在于，一直以来，国有商业银行、股份制银行等大型金融机构基于其商业化属性进行贷款的发放，具体表现为，存在对大型企业发放贷款偏好，对小微企业和个体经营者不愿意提供贷款和服务，所以目前改善小微企业融资难题的效果并不好。

一般来说，单户500万以下的小微贷款属于普惠金融的范畴。根据中国人民银行2018年的数据，可以发现，商业银行发放的具有普惠属性的银行贷款余额不高，占当年发放的全部企业贷款余额的比例仅为2%，这一比例相对来说非常低。由此可见，商业银行对小微企业提供的信贷支持和金融服务供给相对较少。中国人民银行发布的《2020年第二季度银行家问卷调查报告》显示，2017年以来，小微企业贷款需求指数在2017年以来保持在60%以上，尤其到了2020年上半年，这一小微信贷指数高达80%，与企业需求相对应的是，银行贷款审批指数在2020年之前一直没有达到52%，新冠肺

炎疫情后虽然受政策和市场等影响有所上升，但与小微企业融资需求之间仍存在巨大差距。

（三）传统金融的覆盖率并不高

小型企业属于小微企业中的"头部小微"，微型企业和个体工商户属于小微企业中的"长尾小微"。[①] 但大部分小微企业和个体工商户资金缺口很小，扶一把就能持续经营下去。

在政府和监管部门的大力支持下，中国银行业在解决小微企业融资难问题上已经取得了一定成果，但数目巨大的小微企业作为社会经济体的"毛细血管"，由于缺乏征信记录和触达渠道，在金融体系尚未完全实现"多层次、广覆盖、差异化"的背景下，"长尾小微"的融资需求仍未被传统金融所覆盖。根据国家市场监管总局统计，2020年8月，在小微企业名录库中正常登记、持续经营的小微企业户数是3261万户。其中，在银行有授信的是1040万户，占31.89%，有贷款的户数是29.4%。[②] 尽管2020年12月末，全国有贷款的小微企业户数已达2573万户，同比增加461万户，仍然有70%多的小微企业[③]未获得过贷款。由此可见，小微经营者大部分在传统金融机构的视野之外。由于传统金融没有能力去发掘海量的小微经营者及其潜在价值，结果是其低成本资金优势难以发挥的同时，小微经营者难以接触到所谓的正规金融服务。

从小微金融近年来的数据表现来看，银行更侧重"银税互动"相关的数据。2019年末，全国小微企业贷款余额36.9万亿元，"银税互动"贷款笔数超过了前四年的总和。2020年第一季度全国守信小微企业"银税互动"贷款金额达到1816.3亿元，共75万笔，超过了2019年笔数的一半。[④] 但是，能够得到这些贷款的主要还是能授信几百万元的"头部小微"企业，大多数小

[①] 大部分研究者把单户授信在1000万元以下或者500万元以下的群体作为微金融的主要服务对象时，很少关注单笔借款额度更低但数量更庞大的"长尾小微"。

[②] 2020年8月，中国银保监会普惠金融部主任李均锋曾在新闻发布会上透露。

[③] 含3000多万户小微企业名录库中正常登记、持续经营的小微企业和纳入小微企业名录库的6500多万户个体工商户。

[④] 国务院联防联控机制2020年4月22日15时在北京国二招宾馆东楼三层中会议厅召开新闻发布会，介绍发挥"银税互动"作用助力小微企业复工复产工作情况，国家税务总局回答媒体提问时指出。

微企业并不能满足这项要求。据新流财经报道,无论是税务贷、发票贷还是ERP数据辅助的贷款,仍然没有触达本质上的小微群体。除"头部小微"企业外,真正的小微长尾企业并没有得到过多的金融支持。

(四)个体工商户的贷款渗透率低于一般小微企业

从小微贷款投放结构来看,2020年第一季度全国普惠型小微贷款余额12.55万亿元中,其中个体工商户的贷款为4.01万亿元,意味着约8.54万亿元(约占70%)的信贷投向集中在小微企业。截至2020年3月末,中国个体工商户全国登记数量是8000多万户,纳入市场监管总局小微企业名录库的个体工商户为6523万户,而有贷款的个体工商户是1394万户,覆盖率是21.4%,这意味着,有近80%的个体工商户从来没有获得过银行贷款,个体工商户的贷款渗透率低于小微企业。[1]

金融机构长期受制于小微信贷的"不可能三角"——规模增长、成本降低、风险控制,三者存在内生矛盾,难以同时满足,致使小微信贷仍是让金融机构难以处理的业务,尤其是面对微型企业、个体工商户等长尾端的小微群体。基于各级监管和政府部门的考核压力与方向性的指引,大型商业银行、城市商业银行、农村商业银行对位于"头部小微"企业,在2019年、2020年这两年其实是给予了非常大的资金支持。传统金融机构基于已有的数据、网点来覆盖那些有相对充足的优质抵押物的、交易数据比较完整的优质小微企业,而包括大部分个体工商户在内的长尾小微企业很难被传统的金融供给体系覆盖到。对于资产充分、资质较优的"头部小微"企业,供给方为抢夺低风险小微企业客户,往往会降低对共贷风险的管控力度,形成对这类小微企业"多头借贷""重复借贷"的局面。对于具有"三无三高"[2]特征的以微型企业和个体工商户为主体的长尾经济体,其融资需求依旧难以得到有效满足。由此可见,小微企业的融资需求存在显著的结构性失衡。

---

[1] 2020年4月22日,中国银保监会普惠金融部主任李均发布。
[2] "三无三高"主要指无报表、无信评、无抵押、高成本、高风险、高定价。

二、小微企业融资结构不合理，融资渠道不畅通

（一）间接融资占比过高，直接融资占比较低

小微企业的融资缺口之所以极大，原因在于，中国中小企业直接融资市场仍处于培育阶段①，直接融资对小微企业的发展所发挥的作用还不够。经济合作与发展组织开展的《中小企业融资 2020》的调查数据显示，经济合作与发展组织的国家在风险投资方面的平均增速超过 20%，而中国的风险投资增速则相对较低，仅仅达到 10% 左右。由此可见，在中国，小微企业的融资结构还不够合理，存在直接融资占比较低的情况。

尽管"十三五"时期，从绝对额上来看，中国新增的直接融资能够高达 38.9 万亿元；从相对程度来看，占同期整个社会融资规模增量的比例超过了 30%，但与国际上其他中等收入水平的国家的相关指标相比仍有差距，并且显著低于高收入水平国家的相关指标。② 所以说，中国的融资结构仍有待进一步完善。政府部门意识到该问题后，在"十四五"规划纲要中提出，下一步要改革目前小微企业在融资结构方面的不合理情况，不断提高直接融资特别是股权融资比重。

因每一种融资方式各有其基于风险－收益的贷款或投资偏好，因而各有"服务盲区"。小微企业形态多样，只有融资结构多元化、融资工具多样化，才能更好地让金融市场的金融供给与小微企业的多样化需求相匹配。目前，并不是所有的资产规模较小的小微企业都需要进行外源融资，对于传统产业类型的小微企业来说，在其发展过程中主要依靠内源融资，即自身的盈利形成的内部积累，外部融资比重较低。

当企业在生产过程中不得不寻求外源融资需求时，常常需要从两种方式中作出选择：一种方式是进行股权融资，或者通过向自己亲友借款，以及民间借贷的方式；另一种方式是寻求银行信贷资金。目前，股权融资、债券融

---

① 中国人民银行研究局课题组. 央行研究局：中小微企业融资难是世界性难题，中国存在 5 大困境 [EB/OL]. https://baijiahao.baidu.com/s?id=1695638796622667636&wfr=spider&for=pc.
② 吴晓灵. 深化监管改革提高直接融资比重 [J]. 中国金融, 2021 (7): 22-25.

资等其他融资方式受到资本市场发育不成熟、制度性配套基础设施滞后的影响，运用范围及效果仍很有限。虽然小微企业迫切需要进行股权融资，通过股权融资可以帮助小微企业筹集到用来扩大生产规模、更新设备的资金，从而可以降低杠杆率，减少经营风险。但目前微型企业和个体工商户缺乏完善的股权融资的机制。中国金融四十人论坛发布的《2020·径山报告》显示民营企业的内源融资所占的比例达到了六成，在外源融资中，银行贷款所占比例仅为二成，而通过公司债券、外部股权融资等进行直接融资所占的比例还不到1%。

与大中型企业相比，小微企业相对更难以通过股权方式进行融资。原因之一，是小微企业自身资产规模相对较小，为进行股权融资需要展开的流程，从最初的尽职调查，到与有意向的投资者进行谈判签约，到工商部门进行相关变更登记手续等，完成这一系列流程的成本相对太高。再加上小微企业财务信息不透明产生的信息不对称，不便于投资者对小微企业的真实运营情况进行了解，进而估计可以获得的预期的可能回报，一般来说，回报率相对较低，所以小微企业不能轻易寻找到合适的投资方。原因之二，即使小微企业可以寻找到愿意对其投资的合适投资方，与投资方进入商谈阶段，也有可能在对小微企业的估值上产生较大的分歧，导致商谈终止。即使投资方对小微企业进行了股权投资，但目前缺乏完善的股权退出机制。一般来说，微型企业及个体工商户几乎不可能上市，那么投资者就不可能期望等到小微企业上市后才退出；在当前多层次资本市场体系相对来说还不够完善的情况下，小微企业群体自身的信用评级较低，一般达不到企业债券的发行门槛。这就导致小微企业只能依赖银行等金融机构的贷款来满足融资需求，即出现了小微企业的不合理融资结构问题。但由于大中型企业、房地产企业等过度挤占银行信贷资源，使得小微企业取得银行信贷的融资渠道不畅通。大量小微企业的主要融资渠道还是依靠熟人借贷、民间借贷、小额贷款公司等，融资难、融资贵的局面尚未根本扭转。

(二) 大部分小微企业融资渠道单一，融资渠道不畅通

由于融资结构的不完善，小微企业融资过于依赖银行贷款。但由于大银行审贷链条长、贷款决策不如当地中小银行灵活，与小微企业供需对接的天然匹配度低。通过政策性或行政性措施要求大银行向小微企业放贷，大银行

如果仅仅基于完成考核要求，而非基于自身风险收益权衡的商业行为，将导致贷款的不可持续。

智研咨询的《2020—2026年中国小微企业行业市场发展规模及投资前景趋势报告》显示：使用过三种及以上融资渠道的小型企业所占比例约为三成。对比来看，在微型企业及个体经营者中，这一比例还达不到二成。由此可见，微型企业及个体经营者即长尾小微企业比一般小型企业的融资渠道更为单一。原因在于长尾小微企业一般达不到银行经营性贷款的门槛。长尾小微企业的经营规模、资产规模，都在一定程度上限制了其取得银行贷款。对于科技型中小微企业来说，由于其资产形态表现为轻资产，尤其难以达到银行这一门槛，导致其贷款申请不能通过银行审核，从而得不到银行贷款。此外，中小微企业由于其生产规模小、资产总额少，很少有第三方愿意为其提供担保，致使中小微企业通过银行贷款进行融资的渠道不畅通。

同时，基于风险的考虑，银行等金融机构存在惜贷现象，更倾向于将资金贷给风险低的大企业，因此，小微企业融资困难更大了。所以目前中国具有一定规模的小型企业从传统银行贷款的比例较高，而微型企业和个体经营者等长尾经营主体由于营业规模较小，融资缺口大都集中在几万元至几十万元之间，很难达到传统银行经营性贷款的门槛，因此更依赖互联网银行及个人消费贷的渠道。据《中国小微企业融资融智报告》显示[①]，在受访的调研企业中，53.49%的企业通过银行贷款解决融资问题，19.94%的小微企业主通过亲戚朋友借款等私人借贷方式解决问题，9.03%的企业通过互金平台解决融资问题。除了银行借贷和私人借贷之外，小微企业最主要的借款渠道是互金平台。

小微企业补充资本渠道急需扩大。从小微企业自身来说，因难以判断企业发展前景，为避免企业万一经营不善发生破产后过多影响个人资产，在投资之初更多是以股东借款的有限责任方式，而不是足额投入资本；再加上一些关联小微企业间业务往来或相互借贷行为较多，都会造成小微企业资产负债率过高。目前中国政府补充小微企业发展资金的机制还不完善。小微企业融资发展较好的美国、德国、日本等发达国家，政府一般通过风险投资来增加小微企业资本，因此其小微企业融资状况较好。例如，中国缺少类似德国

---

① 友金所联合零壹财经·零壹智库共同发布的2018年《中国小微企业融资融智报告》。

政府采用的公私合营方式，增加风投基金数量和投资规模，支持风险资本直接资助初创中小企业。目前已成立的国家中小企业发展基金，由于其机制不灵活、小微企业受益面过小，其支持效果并不明显。

三、小微企业融资成本过高

小微企业不断增加的外源性融资需求提高了其从传统银行部门获取贷款的难度，也面临着较高的融资成本。[①] 有35.03%的小微企业主感觉利率高是借钱过程中遇到的最大困难，另有34.27%的小微企业主认为借钱最大的困难是缺少有用的抵押或者担保资产（26.44%）或缺少第三方提供的保证（7.83%）。[②] 尽管银行等金融机构上报给监管部门的平均利率水平不高，在贷款期间还有各种隐性成本的存在，导致综合成本并不低。小微、民营企业的贷款综合成本中费用占比相对较高，一般比国有大中型企业要高。围绕小微企业融资的各种费用在一定程度上加重小微企业的经营负担。

（一）降低实体经济融资成本在实际落实中仍存在一定难度

规范银行涉企服务收费、有效降低小微企业成本是近年来监管的重点工作之一。除对小微企业采用贷款利率比基准利率上浮外，有的时候，银行对于资金需求急且议价能力弱的小微客户，还进行一系列的制约小微企业的捆绑销售理财产品、强制资金归行等方式。

2020年11月21日，中国银保监会办公厅通报指出，对于一笔期限为3年，贷款利率为7.6%，本金为382万元，还款方式为等额本息的贷款，涉及的利息与相关费用包括：预计收取贷款利息46.40万元（由兴业银行收取），预计收取保险费16.34万元（由中国平安财产保险股份有限公司收取），预计收取担保费4538元和服务费81.14万元（由平安普惠收取），结果导致原本贷款利率为7.6%的这笔贷款的年化综合融资成本竟然达到了

[①] 因为贷款不良率高，导致银行信贷成本升高，为覆盖风险，银行只能提高贷款定价，出现融资贵现象。

[②] 友金所联合零壹财经·零壹智库共同发布的2018年《中国小微企业融资融智报告》。

22.16%。其中，仅平安普惠一家收取的费用就占综合融资成本的56.53%。由此可见，降低实体经济融资成本在实际落实中仍存在一定难度。

（二）小微企业的转贷、续贷成本也推高了融资成本

目前，小微企业的贷款主要是为满足生产经营过程中短期资金需求，保证生产经营活动正常进行，其贷款的类型以一年期以内流动资金贷款为主。一旦小微企业在生产经营发展过程中遇到一些异常情况，例如，下游企业回款时间较长，就会出现资金周转困难。处于这种状态下的小微企业只能寻求转贷服务，来争取"短贷长用"，转贷的过程会极大地增加资金成本。转贷次数越多，资金成本越高。如果一年转贷3~4次，增加的资金成本有可能会达到20%左右。[①]

（三）民间融资综合利率则更高

目前只有极少部分的"头部小微"企业即优质的小微企业才能以基准贷款利率进行融资。小微企业即使能够从银行等金融机构获得资金，其通常付出的代价即贷款利率一般高于基准贷款利率。但如果小微企业通过民间融资方式进行融资，支付的综合利率就会更高，即小微企业融资贵更多体现在非银行体系，包括小额贷款公司、网络借贷等准金融机构，其利率甚至会超过10%，有时还会达到"高利贷"性质[②]。

迪普思数字研究所对小微企业取得外部资金所承担的利率方面进行的市场调查显示，商业银行的贷款利率相对来说不高，一般为5%~10%，但其设置的贷款门槛对于小微企业来说还是比较高，小微企业一般很难达到商业银行的贷款条件；而民间借贷、网络借贷比较容易取得，但小微企业要付出的代价较大，一般来说，借贷利率都超过10%[③]。根据温州地区420个监测

---

① 陆敏. 小微企业金融服务迎利好［N］. 经济日报，2021-05-06（7）.
② 尽管非银行体系融资贵，但在一定程度上解决了部分难以从银行获得贷款的小微企业中长尾客户的融资需求。
③ 2019年审计署发布的《国务院关于2018年度中央预算执行和其他财政收支的审计工作报告》显示，小额贷款公司利率一般为10%~20%，民间借贷和网络借贷利率多高于30%。

点的监测数据计算出的温州指数①显示：2021年2月份，温州地区民间融资综合利率指数为15.27%，环比上升1.15个百分点。如果再考虑到小微企业需要支付的平台服务费，一般平台收取服务费的比例为5%~10%，这样小微企业要付出的代价就会达到20%~25%，大约为一般银行等金融机构贷款利率的三倍。这意味着小微企业在非银行体系进行融资时的融资成本很高。

四、小微企业获得首贷难，信用贷款难

（一）小微企业贷款难，尤其是首贷难

在整个国民经济体系中，小微企业从不同维度、不同层面来看都处于弱势群体地位，尤其是在小微企业申请金融机构贷款时，与融资贵的困难相比，更多困难体现在融资难上。对于大部分企业来说，从银行借到第一笔钱（"首贷"）并非一件容易的事情，首贷难对于小微企业来说更是"难上加难"。之所以会出现这一情况，根源在小微企业与银行之间的信息不对称。在传统征信体系中，小微企业是"薄档案"群体，在仅仅采用传统负债类数据作为决策依据的话，"首贷难"的问题就会产生。

1. 小微企业获得首贷的重要性

首贷是对小微企业生存与发展具有关键作用的一次贷款，所以首贷有"金子般的贷款"之称。已有的相关经验表明，如果小微企业能够取得首次贷款，就会大大提高其取得后续贷款的可能性，还有可能会降低后续贷款利率，也有可能加快获得后续贷款的进度。微众银行用户体验联合实验室对小微企业首贷的情况进行了研究，形成了《银行业用户体验大调研报告》。这一报告显示，被调查的民营企业和小微企业中有六成以上感觉到，为了取得银行贷款而进行的申请手续相当麻烦，但是如果他们能够取得首贷，就会有94.4%的民营企业和小微企业下一次还会选择通过银行贷款的方式来筹集资金。对于能够取得首贷的小微企业来说，其能够取得下一次贷款的比例可能

---

① 温州民间融资综合利率指数，简称为"温州指数"。是由温州金融办发布，是覆盖品种最广、统计样本最全的民间利率。

会达到76%，甚至取得四次以上贷款的比例也能够达到51%。由此可见，一旦小微企业取得首贷，其后续融资的可得率相对就会较高，能够取得首贷就意味着小微企业打通了银行贷款这一融资渠道。

2. 小微企业"首贷"难的原因

银行等金融机构在为小微企业发放贷款的过程中出现的"掐尖"现象，会导致小微企业的"首贷"难。"掐尖"现象体现在银行等金融机构对个别优质小微企业过度授信问题。这是因为，尽管从量上来说，整个银行业需要通过加大对小微企业贷款的发放力度，来保证对小微企业贷款支持的量，但由于银行等金融机构坚持商业可持续原则，就必须通过降低获客成本，达到降低信贷风险的目的。因此，大部分银行等金融机构都愿意为已有贷款记录的小微企业或"头部小微"企业发放贷款，这就会导致多家金融机构争相为某一家优质小微企业提供微金融服务的情况，即出现对某些优质小微企业的过度授信，而真正迫切需要融资的小微企业的融资需求被忽视，即在微金融领域出现了"马太效应"。一般来说，尽管小微企业的融资需求的额度较小，但在与金融机构首次打交道的过程中，所要办理的手续的复杂程度却与大中企业比较接近。再加上银行体系内部尚未能有效解决尽职免责问题，目前会贷机制、愿贷机制、敢贷机制、能贷机制尚不健全，因此，小微企业在银行体系内贷款主要体现为"首贷"难。

具体来看，小微企业融资难还体现在：一是贷时难，无抵押不贷款，小微企业享受不到大型企业信用贷款、低息优惠；二是还贷难，到期必须本息还清，甚至还要加15天观察期，正常后才会续贷，其间小微企业可能临时需要通过高息过桥贷周转，增加企业成本负担。尽管如此，基于生存和发展的急切需要，小微企业通常不得不承担这些融资成本。

（二）信用贷款占比较低，多数需要抵押、担保

近年来，尽管从中央到地方建立了信用保障、金融支持、多元化的中小微企业信用担保机制。但由于相关政策尚未充分发挥作用，目前中小微企业的信用类和中长期类贷款保障机制不完善，导致小微企业信用贷款占比较低。在2020年之前，国有大型银行信用贷款占全部普惠小微贷款的比例有20%，但是中小银行不足10%。2020年4月，整个小微企业贷款中，信用贷款占比

较低，多数还是需要抵押、担保。① 截至2020年7月末，普惠型小微贷款中信用贷款占比仅17%，虽然比2019年末提高8个百分点，但比例仍较低。中小企业面临的营商环境仍较为严峻，贷款抵押率（中小企业贷款需提供抵质押品的比例）一直在50%上下浮动，普遍高于欧洲国家，而且应收账款延期支付天数（38天）也远高于OECD国家的平均水平（10.79天）。②

目前，小微贷款领域信用贷款占比并不是很高，抵押贷款和担保贷款仍是主流。绝大多数小微贷款获得者仍需通过抵（质）押等方式才能享受到信贷服务，"高门槛"的信贷逻辑显著存在。例如，对于科创型小微企业来说，由于成立年限不长、信用累积不够，无法获得足额的授信额度；由于轻资产，抵押贷款也成为其高门槛的企业贷款。

五、微金融服务满意度不足，体验不佳，议价地位低

跨国研究表明，企业资金来源中的外部融资比重与企业规模大体是正相关的。但对于小微企业，即使是外部融资，其融资方式也往往是对信息透明度和规模经济要求较低的关系型融资，例如，来自上下游供应链、当地银行及特定领域的投资者等。中国正处于经济向高质量发展的转型时期，表面上看，商业银行对大型企业和小微企业提供金融服务的成本相差不大，但中国小微企业多、小、散，而且核心竞争力不足，平均寿命短，远低于美国（7~8年）和日本（12年），这增加了小微信贷发放的隐形成本，导致部分商业银行为了完成普惠金融业务和考核目标，就可能凭借其资金实力和利率优势争夺优质客户，愿意为大型企业发放大额贷款资金而不愿意发放较小的贷款资金给小微企业，从而在信贷市场上对小微企业资金供给产生挤出效应。因小微企业融资时的单笔贷款额较低且急，所以小微企业的议价能力不强。因多数银行不重视小微企业且为规避风险而设置的烦琐的手续等，使得小微企业在办理融资的过程中体验不佳。这一系列问题直接或间接影响到金融支持小微企业等实体经济的质量和效率。

---

① 2020年4月，在国务院联防联控机制新闻发布会上，中国银保监会普惠金融部主任李均锋表示。

② 央行研究局：中小微企业融资难是世界性难题，中国存在五大困境。

微金融服务满意度不足，体验不佳还体现在，发放信贷影响小微企业主家人的情况。目前小微企业要想在商业银行取得贷款，除了需要提供抵质押或担保之外，一般还需要股东和法人代表签署个人连带责任保证。甚至有时候还要求已婚的股东或法人的配偶签署无限连带责任协议，而不考虑其配偶是否参与到小微企业的生产经营管理之中，以及该笔贷款是否将会用于家庭开支。这一要求并不符合市场规则，违背"有限责任公司"的制度初衷。关键还混淆了家庭资产与公司资产之间的界限，增加了很多小微企业主的精神负担和心理负担，甚至可能会影响家庭和睦。银行为控制风险而进行的"株连"措施，不利于严格区分企业法人财产与股东个人财产，严格区分小微企业主个人财产与家庭成员财产，不利于打造企业主家庭成员与企业经营之间的风险隔离墙。

六、金融资源供给的不平衡

（一）金融资源供给对象存在不平衡

根据近几年中国人民银行公布的金融统计数据显示，目前中国货币供给总量是充裕的，金融支持实体经济的力度在不断加大。例如，2021年第一季度金融机构新增贷款7.67万亿元，同比多增5741亿元，从全年看M2和社会融资规模增速同名义经济增速是基本匹配的。[①] 即总体上，中国金融供给可以支持既有的金融需求，但由于存在融资结构性不平衡，造成结构性资金供给短缺的问题。有些领域却出现了金融供给过度，而小微企业的融资需求尚未得到充分满足。由于对地方政府、国有企业等国有部门存在"政府信用幻觉"以及对房地产业存在"土地信用幻觉"，再加上外需低迷和疫情的影响，国有企业与房地产企业外的其他企业经营压力大且风险增大，因此城投集团公司、国有企业等资金需求旺盛且风险低的部门成为金融机构竞相放贷的对象，甚至通过各种金融创新业务，来规避中国银保监会等出台的相关遏制措施，继续向城投集团公司、国有企业等发放资金。

---

① 2021年4月12日，中国人民银行举行2021年第一季度金融统计数据新闻发布会。中国人民银行新闻发言人、调查统计司司长阮健弘介绍社会融资规模情况时表示。

目前，由于中国资本市场和风险投资行业处于起步阶段，小微企业很难从资本市场融资，所以小微企业外源性融资中的直接融资比例较低。同时，中国当前债券融资的门槛较高，债券融资成本普遍偏高，大部分中小企业外部融资渠道还主要局限于银行贷款或民间借贷等。银行等金融机构、小贷公司、互联网银行等各有不同的目标人群定位，微金融供给侧各不同主体自身所处的发展阶段不同，客观上导致了对小微企业的金融供给相对不足。

微金融是市场行为，追求商业可持续性。银行等传统微金融机构的金融产品设计和运营方式，一般是根据大中型、低风险企业的需求来进行设计的，降低了小微企业融资的适配性，对小微企业形成了挤出效应。在既有的金融供给结构中，大量的银行信贷资金投向了大中型优质客户，而高风险、具有市场脆弱性的小微企业只能得到中小金融机构、非银行金融机构的支持。目前，大型金融机构业务无法真正"下沉"，另外，城市商业银行、民营银行的主营业务偏离了服务中小微企业的初心，而定位于服务小微企业的农村商业银行、农村信用社、村镇银行、社区银行等微型金融机构自身实力又有限，使得当前小微金融服务供给不充分。尽管随着互联网技术的兴起，区块链、大数据、物联网等在很大程度上缓解了微金融供需双方的信息不对称，但互联网金融企业由于体量相对小、业务覆盖范围窄等一系列问题，大部分小微企业仍然未能得到其提供的有效的金融服务。

（二）金融资源供给地区存在不平衡

由于金融机构总部一般设立在城市地区，并且很多是在大城市，所以城市地区的金融资源供给比较充分。但经济发展相对落后地区、广大基层、中西部地区，尤其是农村地区，小微企业金融服务供给明显存在不足。导致处于该区域的小微企业被迫通过高利贷等民间借贷的方式寻求金融支持。再加上中国这些年一直存在的东部、中部、西部地区经济发展不平衡的问题，使得这些区域的小微企业的分布也存在不均衡。仅仅从小微企业的数量上来看，东部地区的各类市场主体多，中小微企业约有1115万家，占全部中小微企业的62%；而西部地区的各类市场主体相对较少一些，中小微企业约307.2万家，仅占全部中小微企业的17%。[①] 如果再考虑企业自身的发展质量，中、

---

① 国家统计局，《第四次全国经济普查系列报告之十二》，2018年末数据。

西部地区小微企业由于经营情况较差，相应得到的贷款就少一些。

本 章 小 结

本章首先分析了当前小微企业融资困境改善的情况，随后指出微金融支持小微企业发展中仍然面临诸多问题。

（1）微金融支持小微企业发展对小微企业融资困境的改善。随着多部门各种政策的陆续出台、相关制度体系建设的不断加强，小微企业融资困境有所改善。具体表现在：第一，整体来看，社会上为小微企业提供的资金在数量上有所增加，获得资金支持的小微企业数目也在增加；同时，小微企业为获取资金而付出的代价变小了，即融资的综合成本有了一定程度的下降。第二，小微企业的微金融服务获得感和便捷性得到了提升。第三，为支持小微企业发展，各金融机构做出了一系列的改变。例如，积极设立小微企业金融服务机构；不断研发新型微金融产品；在不断提高服务效率的同时，降低小微企业融资成本；积极应用金融科技手段；积极促进供应链金融发展；等等。银行加快数字化转型和金融科技建设，除了资本投入，银行等金融机构不断扩容科技人才团队。第四，相关财税政策、金融政策以及法律保障制度有所完善。2020年以来的财税政策的落实使得小微企业的经营成本有所降低，可以把更多的资金用于企业的创新与转型。2020年以来的货币政策对于小微企业来说，其融资的氛围更加宽松了；对于金融机构来说，比较愿意为小微企业服务了。《民法典》《关于加强小额贷款公司监督管理的通知》等法律法规的出台，不断充实着法律保障体系。第五，小微企业融资担保业务风险分担体系在不断完善。第六，征信体系建设及小微金融征信服务进展较好。第七，已形成多层次资本市场体系。多层次资本市场体系通过市场化配置和风险定价机制，开始引导大量社会资金流向小微企业。

（2）微金融支持小微企业发展中存在的多方面的问题。第一，大量的小微企业的融资需求缺口越来越大。一是因为由于复杂的、不确定的外部环境加剧了其融资需求。二是因为商业银行服务重视大中型企业而忽视小微企业。三是因为传统金融的覆盖率并不高。四是因为与头部小微企业相比，个体工商户贷款渗透率更低。第二，从融资结构来看，还不够合理，从融资渠道来看，现有渠道还不够畅通。小微企业融资结构不合理，原因在于小微企业从资本市场上进行融资难，所以，小微企业外源性融资中的直接融资比例较低。第三，小微企业融资要付出的代价过高。小微、民营企业的贷款综合成本中相关费用所占比例相对较高，一般高于国有大中型企业。但降低实体经济融资成本在实际落实中仍存在一定难度。小微企业的转贷、续贷成本也推高了融资成本。此外，民间融资综合利率则更高。第四，小微企业获得首贷难、信用贷款难。一是小微企业贷款难，尤其是首贷难。在传统征信体系中，小微企业是无信用信息或缺少信用信息的群体，因此，"首贷难"的问题就会产生。如果小微企业能够取得首贷，其后续融资的可得率就会相对较高。即能够取得首贷就意味着小微企业打开了融资通道。二是由于小微企业信用信息不足，信用贷款占比较低。绝大多数小微贷款获得者仍需通过抵质押等方式才能享受到信贷服务。第五，小微企业对微金融服务满意度不足，议价地位低。小微企业对微金融服务满意度不足的原因之一是存在金融机构发放信贷存在要求其家人签署无限连带责任协议的情况。小微企业的议价能力不强，主要是因为小微企业融资时的单笔贷款额较低且急。第六，金融资源供给的不平衡。这种不平衡表现在：第一，金融资源供给的对象存在不平衡。中国金融资源供给在总量上来说，可以支持既有的金融需求，但由于存在融资结构性不平衡，而造成结构性资金供给短缺的问题。即有些领域存在金融供给过度的情况，而对小微企业来说，却存在供给不足的情况。第二，金融资源供给地区存在不平衡。一般来说，经济发展水平越高的城市地区，就越容易得到充分的金融资源供给；经济发展相对落后的地区，尤其是中西部的农村地区，小微企业金融服务供给明显存在不足。

| 第五章 |
微金融支持小微企业发展的制约因素分析

新冠肺炎疫情使世界经济发展的不确定性加剧，当前中国国内经济结构调整进入"阵痛期"。在这种背景下，小微企业在生产经营中面临的"三高两难"[①]的问题使小微企业利润率整体下滑，保障现金流的稳定成为大部分小微企业日常经营的首要问题。同时，由于中美贸易争端等国际贸易摩擦加剧，外需遇冷，在很大程度上冲击了出口型小微企业，导致出口型小微企业产销和订单量大量减少，增大了未来发展的不确定性。小微企业融资一直都是金融有效支持实体经济中的一个痛点，宏观经济环境加重了小微企业融资困难。因此，2021年政府工作报告再次强调，要进一步解决小微企业融资难题。尽管近些年来，政府和监管机构、金融机构不断加大对中小微企业在信贷等方面的支持，无论是小微企业贷款余额，还是小微企业贷款增速都较高，但小微企业融资难、融资贵的问题却未从根本上得到解决。微金融支持小微企业发展面临的制约因素是多维的。既有基于微金融服务需求方的因素，例如，小微信贷群体金融能力和经营能力薄弱，无法充分认知信贷产品的复杂性、专业性和风险性等；也有基于微金融服务供给方的因素，例如，微金融供给方因风险管理意识或识别能力不足而导致信贷供给不足等因素；还与中国当前金融深化还远未到位，政府引导能力和市场配置能力尚存在一定不足，体现在微金融发展相关的法律体系、财政税收政策、担保体系、信用体系建设等配套方面仍存在不足等因素有关。

---

① "三高两难"指的是劳动力成本高、生产成本高、税负高、融资难、政策落地难。

第一节　基于微金融需求侧的制约因素分析

经济周期变化、区域和产业风险以及2020年暴发的新冠肺炎疫情等因素给小微企业带来一次又一次冲击，再加上小微企业自身条件的不足，企业规模偏小、平均存活期短、经营波动大、风险高、抗风险能力弱，同时又存在财务管理不规范、缺乏"硬信息"、风险识别难度大等问题，且由于不能"抱团式和链条式发展"而形成不了行业的产业优势，因此，面对极端情况时小微企业更容易陷入被动。

一、小微企业财务管理不规范，缺乏"硬信息"

小微企业普遍具有"三无"的特征，即无报表、无信用评价、无抵押物，在此基础上，信贷供给者常用的授信技术是通过有限的强金融数据配合复杂的次级经营数据，甚至只能通过弱金融数据开展风控，依据的是关联关系，而非因果关系，技术上具有动态的不确定性。

（一）不规范的家族式管理

在小微企业的财务数据方面，一般只有少部分进行规范经营的小微企业才能提供符合金融机构要求的财务报表，金融机构可据此进行分析做出是否发放贷款或作为授信的依据。很多小微企业由于经营规模比较小，一般呈现家族化经营管理方式，企业主要负责人是其亲朋好友，存在"公私不分"，个人资金与企业资金之间经常存在相互挪用的现象，根本不可能提供出完整的、规范的财务报表，导致其财务真实性在授信审查时容易遭到金融机构的质疑；或有些小微企业在生产经营过程中存在偏离其经营主业、盲目进行业务扩张，甚至出现将贷款资金用于投资套利、出现空转等现象。小微企业为了掩盖存在的这些问题就会采取篡改财务报表的方法，进而导致其财务报表的真实性变得更差，金融机构对其进行贷款时，难以获得有效的、完整的财务信息，所以不能将其作为金融机构授信的直接依据。

(二) 不注重信息的积累，缺乏"硬信息"

小微企业规模有大有小，部分企业规模虽然已经做到了一定的体量，但业务流程规范度不高，数据沉淀较少甚至没有数据，这就为小微企业融资带来了很大的风险。除了部分小微企业在创业期更倾向于股权融资外，大部分小微企业在其创业初期希望能够获得银行信贷资金但一般却不容易取得成功，即"首贷难"，主要原因也在于小微企业缺乏"硬信息"，导致银企信息不对称：一方面，"首贷户"没有在金融机构的相关的历史信用数据；另一方面，金融机构正常情况下可以取得的企业经营信息非常有限，这些因素显著提升了金融机构的经营风险、运营和资金管理的成本。

二、小微企业资产规模小，缺少抵质押物

小微企业大多在资产和担保层面处于弱势。担保品是传统小微企业信用评价的重要因素。小微企业普遍资产规模小，一般都缺乏足额的抵质押物，往往难以形成充分有效的贷款增信，难以获得信用贷款。在抵质押担保作为商业银行小微金融业务的主流模式的背景下，对于小微企业来说，有效的抵质押担保，提高了小微企业融资准入门槛。由于缺少有效的抵质押担保，所以小微企业融资难。对于金融机构来说，有效的抵质押担保，可以解决小微金融风控难。因为只要有抵押物在手，即使贷款发放后小微企业经营状况有变化，对微金融机构的影响也不会太大。不仅贷前审查相对容易，而且能够减少金融机构的贷后管理压力。据央行数据，截至2018年末，银行单户授信500万元以下的小微企业贷款中，抵质押担保贷款占比87.5%，信用贷款占比仅为12.5%。截至2020年7月末，普惠型小微贷款中信用贷款占比仅17%，虽然比2019年底提高8个百分点，但比例仍较低。[1] 绝大多数小微贷款获得者仍需通过抵押等方式才能享受到贷款服务，"高门槛"的信贷逻辑显著存在。[2] 大部分小微企业和企业主属于"薄信用"

---

[1] 程瑞. 小微信贷供给与需求的适当性问题 [N]. 金融时报, 2021-03-15.
[2] 2021年6月18日，中国银保监会普惠金融部毛红军在北京市金融监管局、中国人民银行营业管理部、北京银保监局与丰台区联合举办小微金融服务顾问制度启动会暨支行长座谈会上表示，小微企业融资难、融资贵、融资慢，特别是信用贷款难的问题依然不容忽视。

的客户群，例如，新冠肺炎疫情发生后，元创品智（天津）生物科技有限公司出现流动资金紧张的问题，甚至不足以支撑2个月的时间，开工率仅为25%。① 在2020年上半年在天津市金融局组织的座谈会上，尽管有当地银行的负责人表示为元创品智生物科技有限公司提供300万元信用贷款，但一直到当年的11月份这笔贷款仍没到位。后来信用贷款金额从最初承诺的300万元下降到50万元，最后元创品智生物科技有限公司仍未获得这一贷款。这是因为银行要求元创品智生物科技有限公司必须办理抵押贷款，将元创品智生物科技有限公司市值约700万元的房子进行抵押，可以发放200多万元贷款，元创品智公司生物科技有限公司只能放弃了这一贷款②。

缺少抵押物是小微企业融资难的主要原因。从小微企业规模来看，一些小型企业一般会有些可以用来办理抵押的资产，但这类企业属于少数。对于微型企业来说，一般很难有可以用来办理抵押的资产，即使有些微型企业拥有价格比较贵的生产设备，但这是动产融资，而动产融资的风险比较大。银行一般需要小微企业主以自己的房产或者其他不动产资产进行融资。从小微企业所从事的行业上看，面对不同行业的小微企业，一般金融机构又很难识别它们所在行业的特性、不同行业的企业真实的交易情况以及运营状态。其中，制造企业有生产设备、有车间、有厂房③，但对于从事生活性服务业、科创类企业来说，能用于抵质押的资产较少。④ 此外，对于互联网行业也存在类似的情况。⑤ 只有信用贷款才有可能让资金流向科创型企业以及生活性服务业。但是，与小型企业相比，微金融支持的重点更应该是微型企业；从社会经济发展转型的角度来看，小微服务业与科创型企业更能代表小微企业未来的发展方向。所以，如果银行业不改变当前抵质押担保模式，继续发力支持小微金融，贷款资金不一定能够到达应该支持的小微企业。

---

① 王井怀，等. 七堵点致中小企业融资画饼[J]. 瞭望，2020（46）：48-50.
② 《瞭望》新闻周刊记者走访天津、湖北、重庆、四川等地发现的"无抵押，不放贷""要贷款，先理财""发放信贷，株连家人"等问题仍然困扰着企业。
③ 不少传统制造业通过将个人房产抵押，从银行借款。之后如果没有抵押物，就会出现资金只够日常周转，不足以扩大市场。
④ 例如，有的科技企业缺乏抵押物，一般通过订单授信向银行取得的借款，只能解决日常周转，不利于业务增长，即使市场前景极为广阔。
⑤ 互联网行业，因为无可抵押担保，一般不从银行借款，多是通过股权融资。

三、小微企业金融素养的缺失

(一) 小微企业金融素养的含义

金融素养 (financial literacy) 是诺克托等 (Noctor et al., 1992)[①] 最早提出的,将金融素养限定在金融知识层面,此后逐渐将技能 (skill)、行为 (behavior) 等客观维度,以及意识 (awareness)、态度 (attitude) 等主观维度纳入。2007 年次贷危机的暴发使世界各国加大了对金融素养的关注度金融素养开始有个人或家庭层面的微观主题,上升为影响国家金融稳定和金融风险的政策命题。经济合作与发展组织于 2011 年提出,金融素养是做出合理的金融决策,最终实现金融福祉的必要意识、知识、技能、态度和行为的结合。2015 年 G20 (土耳其) 安塔利亚峰会上,小微企业金融素养成为国际议题的关键节点。此次峰会肯定了小微企业在促进国民经济发展中所发挥的重要作用,把小微企业融资确立为各国的主要政策目标,并且通过了为纾解小微融资难题的行动框架——《中小企业融资高级原则》,其中"提升小微金融素养"被明确列为主要的政策方向。经济合作与发展组织在 2015 年将小微企业金融素养进一步阐述为,小微企业的所有者或管理者,为实现创业、经营和企业可持续发展而做出有效金融决策所需的意识、知识、技能、态度和行为的结合。

小微金融素养主要体现在基础性的金融需求,主要是满足小微企业的运营需求,包括基础的财务规划和记录能力、基本的信贷融资渠道、常见的金融服务获取等方面。

小微金融素养还具有复杂性和多元性。小微企业在其经营发展的不同阶段对金融素养知识的需求越高,这就要求小微企业主在发展过程中不断充实完善金融素养。例如,在小微企业初创期,小微企业主需要了解企业注册、税收、社保缴纳等要求,掌握复利计算、通胀成本等技能,理解经营管理规范化对企业生产成本结构、融资需求的影响。然而金融素养内涵的扩展不必

[①] 诺克托等最早提出了金融知识的概念,认为金融知识内含了金融能力,金融能力是使用和管理资金上能够做出明智判断并做出有效决策的能力。

然意味着难度的递增，相反在小微企业开办初期就需要掌握。这样可以避免因为小微企业自身金融素养不足，不能对自身的融资风险形成全面的、准确的认识，不能对当前的融资政策、融资工具尤其是新型融资工具全面的了解或者根本不了解。小微企业经常会因为缺乏与其生产经营发展阶段相符的融资理念和融资策略，进而作出错误的金融决策，如借贷利息过高、现金流不足、金融市场参与率低等，同时容易加大小微企业经营风险，从而间接地增加了小微企业下一步进行融资的难度。对于致力于企业不断发展壮大的小微企业主来说，更需要清楚认识到金融素养的复杂多元及其对企业发展的重要性。

(二) 小微企业金融素养缺乏的原因

良好的国民金融素质是金融安全与金融业稳健发展的关键。目前中央高度重视，开始大力普及金融知识，将强化金融消费者教育作为防范金融风险的重要预防性保护措施。2013年以来，人民银行等金融管理部门协同教育部门，大力推进金融知识进课程纳入国民教育体系试点工作[①]，试点工作取得了显著成效，在提升国民金融素养，防范金融风险等方面发挥了重要作用。

但根据人民银行开展的国民金融素养调查结果，以及国际学生评估项目（PISA）等国际评估的结果看，中国当前的国民金融素养水平整体不高，尤其是青少年的金融素养更是明显低于成年人。主要原因在于：一方面，是将金融知识纳入国民教育体系的推进工作面临困境。目前中国并没有普及性、系统性的全民金融教育，金融知识还没有成为义务教育必备的基础知识和素质技能。国民金融教育的系统性缺位，不仅义务教育阶段的课程体系中还没有普及金融基本知识，甚至在大学教育阶段的非经济管理类专业课程体系中也没有普及金融基本知识，有的学校即使是以全校通识课的方式开设相关课程，但由于多种原因，选课的学生数量并不多。大多数人都是在离开学校走向社会后才真正接触金融知识。另一方面，由于小微企业缺乏主动提升金融素养的意识，小微企业即使获取了一些信贷知识，也是不专业、不系统的知识。多数小微企业主从未获得过金融机构的信贷服务，也缺少主动提升自身金融素养的意识。再加上金融科技快速发展带来的知识鸿沟，使得金融科技

---

① 试点省份从广东、山西、福建、上海四个省份，逐步拓展至全国各个省份。

的发展在为小微企业带来便捷性的同时,更加暴露了小微企业与小微企业主金融素养的不足。此外,在法律保障方面,中国目前缺少将全面推进金融知识纳入国民教育体系的相应的法律保障。

(三)小微企业金融素养缺失的表现

金融素养缺失的主要表现:一是在小微企业主的意识和态度层面。有部分小微企业想当然地认为自身先天条件不足或者畏惧银行烦琐的贷款流程,不敢寻求金融机构的信贷服务。这种态度是造成小微企业信贷缺口的原因之一。二是在知识和行为层面。由于小微企业不了解银行发放贷款的具体要求,因此在平时的生产经营中无法主动养成良好的财务和信用记录,如正常经营流水记录、水电缴费、费缴税记录等,以提升自身信用的好习惯,在当前替代数据广泛使用的情况下,有些小微企业本可以有更多的途径实现自身信用的提升,却因自身的金融素养不足而放弃了。三是在相应的行为方面。缺乏金融素养的某些行为有可能造成一系列的融资与经营风险。一方面,小微企业不能获得满足其意愿的金融服务,即借贷不足。例如,仍有不少小微企业不清楚如何获取和甄别金融信息,不能灵活采用抵质押或担保等方式提高贷款成功率,不清楚如何通过改善征信、充分利用最新的相关政策来争取更优惠的信贷资源等等导致金融服务获得感不足。另一方面,小微企业因为资金规划不合理或对自己未来的经营过度乐观,导致过度负债。目前国有大型商业银行、民营股份制商业银行、城市商业银行、金融科技公司等金融机构都共处于充分竞争的市场,在小微企业征信数据没有完全打通的前提下,一些小微企业的融资甚至是超出了自身的风险承受能力。因为小微企业的金融素养整体不足,对于自己当前的真实资金需求,未来可持续的经营状态以及资金需求的规划不合理,容易对未来的经营持有过度乐观的态度,进而出现很多"头部小微"企业过度借贷的情况。过多的资金供给不一定会促进这类小微企业的发展,反而加大其经营风险。

此外,金融科技的发展在为小微企业带来便捷性的同时,也容易令小微企业因不善于甄别违规机构、不熟悉产品特性导致权益受到侵害,进而加大小微企业的经营风险。从金融素养的角度看,金融素养的缺失对资金需求的低估会直接造成借贷不足,而征信缺失、资质缺乏也导致无法获得充足的授信额度,相关信息的缺乏也会导致贷款渠道受限,当小微企业面对资金缺口,无法获得银行等金融机构的低利率贷款,只能寻求高成本融资,将加大其经营风险。

四、小微企业不重视自身信用建设

传统的小微企业信用评价模式,主要是基于小微企业财务、经营、资信等信息,对小微企业作出评价分析。在小微企业的财务信息方面,小微企业客户提供不出财务报表,或提供的财务报表的真实性较差,不能作为银行授信的依据,那就需要收集相关生产经营过程中的出入库单、销售单、报关单、缴税记录等,对企业财务状况进行推算。由于部分小微企业自身存在财务、管理等发展短板,不注重自身信用建设,使得微金融机构可获得的企业经营相关信息有限,难以评估风险,因此会影响小微企业信用贷款的获得。

五、小微企业数字化转型不足

中共十八大以来,数字经济快速发展,数字技术已作为新当前技术革命和产业变革的重点方向。① 尽管新冠肺炎疫情的暴发使得数字化转型的价值和潜力得到充分体现,使得小微企业转型需求更加迫切,但目前中国大多数小微企业由于资金实力弱、技术基础设施差、数字化理念意识淡薄等因素的限制②,而处于"不能转""不会转""不敢转"的困境,使得小微企业数字化转型推进较慢,整体信息化水平远远落后于大中型企业。③ 即使有的小微企业实现了数字化转型,但大都是依靠外力。未来取得小微企业转型仍面临不少问题,主要有:一是数字化转型成本高,导致小微企业"不能转"的困境。因为云计算、大数据、人工智能等新技术应用成本仍然偏高,相应的硬

---

① 2020年4月7日,国家发展改革委、中央网信办联合印发《关于推进"上云用数赋智"行动 培育新经济发展实施方案》。
② 数字化转型服务商正"抛弃"服务中小微企业,从2018年开始,从服务中小客户转向大客户。
③ 《2019中国企业数字化转型及数据应用调研报告》指出,被调查企业中约40%已经开启数字化转型,其中仅约10%的企业已取得阶段性进展。艾瑞咨询的数据显示,截至2020年9月,57%的大型企业已经构建了数字化的规划。2019年中国1.2亿左右的中小微企业,接入O2O平台的不到十分之一,接入O2O平台的中小微企业中仅有一半拥有智能设备。

件成本也很高。小微企业普遍资金不充裕，税后利润率较低，可投入信息化建设的资金少。数字化转型短期内会增加其经营成本，而数字化转型收益很难直接看得见。对于小微企业来说，与发展相比，能够生存下去才是第一位。二是数字化转型门槛高，几乎没有成规模的信息化专业人才团队，导致小微企业"不会转的困境"。大部分小微企业尚未完成基础的设备数字化改造。由于目前数字化转型服务机构、共性服务设施严重缺乏，数字化设计、测试、验证等环境建设往往需要企业自己进行，而小微企业由于缺少必要的数字化人才，往往做不了。三是合适的数字化转型的选择方案较少，导致小微企业"不敢转"的困境。目前市场中缺少成本低的小微企业可以接受的数字化解决方案，很多需要小微企业自己摸索，而小微企业平均寿命一直保持在3年左右，数字解决方案时效要求高，短期不能见效，小微企业就不愿坚持下去。再加上企业上下游、产业链间协同转型不够，数字化产业链和数字化生态尚未建立，一家企业数字化转型难以带动上下游企业联动转型，无法形成集群效应。

第二节 基于微金融供给侧的制约因素分析

一、微金融机构自身建设的不足

（一）思想认识方面

1. 金融机构对小微企业融资的重视程度不足

目前，中国小微企业的健康发展，离不开资金投入和支持，在新冠肺炎疫情的影响下，小微企业资金更加紧张，需要更多的扶持，才能在生存下来以后，得到进一步发展。在当前中国正处于经济向高质量发展的转型时期，银行对大企业、大项目、国有企业的偏好还未从根本上完全扭转过来，更容易在信贷市场上对小微企业资金供给产生挤出效应。但因小微企业的贷款额度较小，平均小微企业单笔贷款收益远远低于对大中型企业的贷款。这使得追逐效益最大化与风险稳定性的以大银行为主导的金融体系更愿意服务大中型企业。

2020年以来，虽然国家出台了很多扶持小微企业发展的融资政策，但现有的政策并不能完全解决服务下沉客群的问题。很多金融机构对于小型企业的融资并没有引起足够的重视，认为小微企业信誉不好且投资风险比较高，不愿对小微企业进行融资，而是更加倾向于对大型企业子公司、孙公司，地方龙头企业等客户进行融资。对小微企业的融资受重视程度不足，使小微企业陷入在信贷资源配置的弱势地位。根据中国银保监会2020年5月中旬披露，截至一季度末，商业银行不良贷款余额为2.61万亿元，环比上年第四季度增加了1986亿元，不良贷款率也上涨了5个基点至1.91%。由于无法有效获取企业的经营信息，迫使银行业机构对小微企业贷款强化抵质押要求，提高交易成本或不愿意发放贷款。相比较大中型企业，一些小微企业的信用存在瑕疵，导致一些优质小微企业也被排斥在金融体系之外。根据迪普思数字经济研究所样本调查推算，市场上约有50%的小微企业有望成为大中型或上市公司企业。中国银保监会数据显示，目前仅约不到30%小微企业获得过贷款，在现实生活中还有20%以上的优质小微企业被排斥在金融体系之外。

商业银行缺乏专门研发小微企业信贷产品的部门，某些商业银行即使成立了小微企业部或者普惠金融信贷部，但更多是为了完成政策性指标才给小微企业放款。一些中小银行偏离主责主业，未能通过提供有效的金融服务来满足小微企业的融资需求。当前，我国中小银行数量占比已超85%，资产占比超30%，在小微企业贷款中的市场份额也已接近50%。[①] 但是近年来由于法人治理结构不完善、技术支撑和人才储备匮乏、外部激励约束机制不完善等原因，一些中小银行出现跨区域经营过度，偏离支农支小定位，偏离了主业等现象，明显对小微企业的融资受重视程度不足。

2. 金融机构对发展小微企业融资业务的商业可持续性存疑

金融机构由于对发展小微企业融资业务的商业可持续性的信心不足，认为如果小微企业融资业务中形成大量新的不良贷款，将会影响金融机构自身的下一步发展。

---

① 中国人民银行研究局课题组. 央行研究局：中小微企业融资难是世界性难题，我国存在5大困境［EB/OL］. https：//baijiahao. baidu. com/s？id=1695638796622667636&wfr=spider&for=pc，2021-03-30.

（二）在经营能力与风险控制能力方面不足

对于风险控制水平，一方面相对于大中型企业来说，小微企业更容易受到市场影响，存在经营波动大，抗风险能力较弱，且经营管理不够严谨，财务管理不完善等方面的先天不足，再加上商业银行在人力资源、管理成本等方面的制约，直接将大中型企业适用的风险管理流程、技术应用在小微融资领域不一定适用，批贷后也会容易导致不良个贷率上升。

（三）金融治理结构不合理

目前微金融机构基于风险管理的需要，在对小微企业通过金融服务时，设置的条件较多，包括小微企业的财务信息、抵押物、担保方都要求按照高安全性贷款审批和风险控制模式，这不利于调动基层机构服务小微金融的积极性。由于中小银行在小微企业金融产品结构和风险管理方面的不成熟，使得小微企业不良贷款率提高。[①] 由于小微企业不良贷款率高，中小商业银行一般按最高风险级别来设置风险管理标准，同时过多地开发低风险业务产品。有些中小商业银行倾向于大型企业，而偏离其应该服务小微企业的社会责任，或者是倾向于异地业务而放弃具有地缘关系的本土业务。结果是，传统金融机构选择地方政府、房地产企业、央企和大型民营企业作为其客户群，而忽略小微企业的"短、高、急、频"的融资需求。[②]

（四）金融机构的服务模式和机制创新不足

尽管小微企业融资难是受到多方面因素的影响，但金融机构的服务模式和机制创新不足是关键因素之一。虽然对于微金融服务的政策部署是自上而下不断完善的，但是在实践中存在自下而上的承接能力缺口不断增加的情况。一般来说，商业银行能够为大客户开展全方位对接、全产品营销，融资与融智相结合，提供"一揽子"金融服务。但对于缺乏规范的财务管理、金融素

[①] 从2017年3月到2019年12月，中国农村商业银行的不良贷款率一直在增高，特别是从2018年6月以后不良贷款率持续高于4.00%。

[②] 普思数字经济研究所《关于小微企业发展状况的调查报告（2019年版）》显示在被调研的160家中小商业银行中，小微企业的实质性金融产品种类仅占7%，进行选择金融产品选择时，多数小微企业的选择余地小、条件高，而无法取得合意的借款，出现资金抑制。

养不足、市场信息不完善的小微企业客户,极少给予完善的金融服务。由于金融机构对小微企业未形成系统的全面认识,在新的信贷模式和机制创新不足的情况下,服务小微企业的金融机构面临"不敢贷、不愿贷、不会贷、不能贷"的局面。尽管以京东、阿里巴巴、腾讯等为代表的互联网金融借助大数据挖掘、云计算等金融科技手段,较好地掌握了部分小微企业的信用状况。但传统商业银行等微金融机构在有关小微企业发展数据搜集和积累方面缺乏主动意识,导致转型较为缓慢。

以银行业为代表的传统微金融供给方在对小微企业提供金融产品和服务的过程中,沿袭传统的商业性模式,实行"网点+人海"战术,注重传统粗放式的抵押担保思维进行风险管控,既无法实现规模效益以降低边际成本,又缺乏对小微企业潜在风险的精准评估和前瞻性预测,使得不良贷款率出现"双升",从而形成微金融业务的风险和收益不相匹配。传统微金融供给方在传统的信贷经营模式下,发放小微企业贷款难度不断加大。一是不动产抵押贷款发展空间有限。小微企业现有合格的和略有瑕疵的不动产等传统抵押品基本已经抵押给银行或担保公司。二是由于对小微企业信息了解有限,银行机构开展信用贷款效果不佳。从业务经营上看,小微企业信贷"规模-成本-风险"函数关系一没有发生实质性的改变。

二、微金融机构获取小微企业信息难

小微企业与金融机构之间存在信息不对称是导致小微企业贷款难贷款贵,银行等金融机构不敢贷、不愿贷的主要原因。小微企业自身存在财务管理不规范、缺少贷款的历史数据而传统银行的风控模型需要这些信息,这就使得微金融机构与小微企业之间存在信息不对称等问题,不利于微金融机构平衡信用贷风险防控和业务拓展。

(一)微金融机构获取小微企业外部数据较难

大数据时代,金融机构比传统金融时代更需要从海量数据中优先将企业生产经营中产生的数据等纳入中小微企业和企业主信用评估风控体系。以中小银行为例,微金融机构获取外部数据较难。一是体现在,中小银行与相关部门的对接存在一定困难。二是体现在,中小银行获得小微企业大数据渠道不畅、场景入口成本较高，用于支持获客和风控的数据来源不足，需要进行线下实地调查。在信用体系不完善的背景下，面对不同行业的小微企业，一般金融机构又很难区别不同行业的特性，无法判断不同行业的小微企业真实的交易情况以及运营状态。

（二）"后疫情时代"金融机构对精准化征信服务产生新需要

2020年，持续去杠杆，美国贸易保护政策，新冠肺炎疫情等多种因素直接或间接造成中国商业银行不良贷款有所上升，金融风险增加。[①]"后疫情时代"金融机构面临更大的风控压力，对征信服务的精准性和定制化产生了更大要求。但金融机构内部和金融机构之间存在"信息孤岛"现象，具体体现之一，金融机构内部不同部门使用的系统是相互独立的，例如，信用卡部门保有的是信用卡的数据，公司业务部门保有的是小微企业客户的数据，这些内部数据形成一个个"信息孤岛"；具体体现之二，金融机构之间，因为客户的相关数据是金融机构开展业务的重要资源，金融机构之间在相关业务上存在一定的竞争关系，很难做到共享客户数据。调研显示，对于存在融资需求但没有银行信贷历史的中小微企业，主要通过与亲朋好友、民间借贷、小额贷款公司、网络借贷等融资渠道而不是通过银行贷款来获得资金支持。这种现象一方面反映了金融机构对小微企业的扶持政策的宣传还需要加强，另一方面也反映了金融机构获知企业融资需求的途径还需要丰富。

三、传统金融机构发展小微业务内生激励不足

（一）微金融的商业可持续性有待提高

目前政府部门对商业银行支持小微企业发放的贷款措施体现出强烈的政策性和道义号召。部分小微企业信用状况并不良好，也缺乏足值的抵押物，

[①] 中国银保监会数据显示，2020年，银行业共处置不良资产3.02万亿元；截至2020年末，银行业不良贷款余额为3.5万亿元，较年初增加2816亿元。央行数据显示，2020年银行贷款核销金额达1.22万亿元，同比增长15%，创近年新高。

不符合《商业银行法》的相关规定。这种情况下，商业银行是不应该为这类小微企业发放贷款。因此，对于微金融服务供给者来说，开展小微信贷成本高、风险大、获客难，往往较难产生规模效应，进而影响商业可持续性，这也是制约我国小微信贷市场发展的主要因素之一。微金融服务供给者的商业可持续在没有保障的情况下，就没有动力去支持小微企业的发展。

(二) 规模导向、利益导向使得传统金融机构对小微企业不敢贷、不愿贷

传统金融机构发展小微贷款的内在动力不足，具体体现在规模导向、利益导向传统金融机构对小微企业不敢贷、不愿贷。小微企业信贷利率定价需要综合考虑三个因素，资金成本、业务成本和信用风险成本，而后两者的成本均高于大型企业水平。其中，资金成本主要由央行货币政策决定。业务成本主要指信贷业务所需人力物力成本，而信用成本则主要依靠银行风险定价能力。

小微企业贷款风险高是金融机构对小微企业不敢贷的本质原因。小微企业生产经营过程中，抗风险能力弱，缺少足额抵押物等。如果微金融机构信用风险定价过高，会增大小微企业贷款成本，难以有效支持小微企业发展；如果信用风险定价过低，则利息收入难以覆盖信用风险，降低微金融机构支持小微企业发展的动力。对于小微企业缺乏足够抵押物，同时存在信息不对称问题，或者需要银行信贷人员深入当地来获取相关信息，或者需要通过利用互联网大数据体系识别信用风险，才能做出判断。因此，一方面，小微贷款成本高，风险高，导致传统金融机构投入的成本与收益不成正比；另一方面，传统金融机构不缺少能够带来稳定回报的大中型企业客户群。作为追求效益最大化与风险稳定性的金融机构，往往会选择为大中型企业提供金融服务。

(三) 尽职免责难以落实，开展小微业务激励机制缺乏

为全面促进商业银行积极推进小微业务，一系列的激励措施、银行绩效考核指导等政策陆续出台。其中，有关商业银行开展小微业务授信尽职免责政策还没有具体落实。由于银行尽职调查需要耗费大量时间，难度较大；银行面临的不良贷款后续处置压力较大，且压力逐渐向问责环节传导；问责的主观性较强且责任边界模糊等。尽管中国银监会在2016年底发布了一则关于《进一步加强商业银行小微企业授信尽职免责工作的通知》；2018年8月，中国银保监会再次强调落实尽职免责的监管政策。尽职免责政策存在工作难度

大、免责效率低、相关机制不完善等问题,阻碍着这一政策真实落地。再加上由于监管制度、政策和监管方式上的问题,如果是对小微企业的贷款出现了问题,就会出现基层机构及其相关从业人员被问责的责任人涉及的范围较宽且频次较高[①],客户经理、行长会被实质性的追究责任,甚至监管机构可能还怀疑相关参与人员是否存在道德风险问题。

从商业银行的情况来看,由于整体经济的下行和新冠肺炎疫情的影响,2019年下半年到2020年上半年,商业银行不良贷款率呈现爬升的趋势,尤其是小微企业的不良贷款率较高。监管层采取措施不断加大对不良资产的处置力度,商业银行相应地实施严格的不良贷款考核机制。在商业银行内部开始追究信贷人员的个人责任,甚至实行信贷责任终身制。于是就出现了部分信贷人员考虑到小微企业不良贷款率高的情况,而不会积极主动开展小微企业贷款业务,以此来规避可能被问责的风险。

再加上风险追责在不同所有制之间有差异。同样金额的一笔贷款,如果贷款对象是国有企业或其下属企业,即使出现了不良风险,一般会被认定为是工作过失而落实尽职免责;而如果贷款对象是小微企业或者是民营企业,出现了不良风险,却容易被认为存在道德风险。这就使得银行客户经理更愿意把大型企业作为其贷款对象,因为大型企业贷款的风险较低而收益较高;而极少愿意把小微企业作为其贷款对象,因为小微企业贷款业务的风险较大而收益较低。

此外,较低的普惠贷款利率,对于银行基层员工和客户经理来说,则意味着个人收益的减少,再加上较高的小微企业坏账率等因素,银行基层员工和客户经理开展小微贷款的动力也存在不足。

四、微金融机构的金融产品与小微企业的融资需求不匹配

(一)小微企业贷款产品流程复杂、时间成本高

银行等金融机构提供的微金融产品流程复杂烦琐,难以满足中小企业短、

[①] 例如某国有商业银行一级分行2018年末小微专职客户经理154人,而2016年以来累计处罚了232人次,导致小微从业人员存在一定的"恐贷症"。

频、快的融资需求，而且对企业贷款的审批效率低下。根据迪普思数字经济研究所的调研，从商业银行获得贷款的小微企业平均需提供的资料要件约 36 项，填写信息条目约 100 项，提交书面资料过百页。另据全国工商联等《2019—2020 小微融资状况报告》，超过 50% 的小微企业将资金用于日常短期周转，用款行为存在短频急的特点，但仅 10% 企业能在 1 周内从银行获得经营性贷款。申请流程复杂、服务时效弱，导致市场逆向选择。

（二）金融产品种类较多但差异性小

从目前微金融产品的情况来看，金融机构大多是从自身角度出发来设计微金融产品的额度和期限，并没有真正考虑契合小微企业真正的融资需求。甚至现在通过大数据对小微企业金融客群进行融资的产品，也不一定能真正解决小微企业的融资难问题。目前微金融机构面向小微经营户的贷款产品种类较多，甚至一家商业银行所推出的小微企业产品就可多达几十种。比如，准入条件、授信逻辑、产品额度期限等要素基本相同，没有考虑不同行业小微企业因其发展方式和经营理念的区别，而形成的金融服务需求的差异性。小微企业生产经营受季节性、临时性因素影响，融资需求存在"短、少、频、急"的特点，再加上小微企业所属行业千差万别，因此，小微企业对融资产品的需求各种各样，有短期的也有中长期的、有纯信用的也有抵押的、有固定期限的也有随借随还的等等，但微金融机构提供的小微企业金融产品一般是在大中型企业金融产品的基础上进行变形，较少考虑小微企业的行业特点而进行小微金融产品的差别化设计，其风控政策与产品形态同小微企业的金融需求不匹配。例如，小微企业贷款需求基本在 1 年以内，而商业银行给企业贷款通常偏好 1 年以上；重资产抵押，轻企业信用，这对科技型小微企业来说，是其获取金融服务一大"堵点"；个别银行要求企业做一些变相的贷款，加重小微企业融资成本等；有助于小微企业获取微金融产品和服务的金融科技产品明显存在不足。由于小微企业缺少资产数据，加上信用体系不健全，银行无法对其进行参考，这些原因导致商业银行研发匹配小微企业的产品缺乏动力，使得银行推出的新型金融产品同质化强，所要求的模型底层数据类型类似，导致相当数量的小微企业被拒绝在新型金融产品门槛之外。此外，目前银行关于小微企业信贷产品本质上是基于对小微企业主的个人信贷，需要以个人资产进行担保，如果是在供应链金融业务中，就会需要核心企业担保。

(三) 金融产品未覆盖企业的完整生命周期

企业成长周期一般分为初创期、成长期（三个阶段）、成熟期到衰退期（或新的初创期）六个阶段。不同的发展阶段对应不同的企业信用资质情况。尽管初创期和成长期是小微企业关键的发展阶段，但由于处于这一时期的小微企业不能提供合格的抵押物等，小微企业本身的信用资质不被认可，再加上小微企业财务信息不健全且对外披露机制不规范等原因，小微企业的融资需求很难得到满足。对处在前三年"生死存亡期"的小微企业来说，这一时期能够获得资金支持是其"救命稻草"。对于处于成熟期的小微企业因其业务趋于稳定、管理逐渐科学化、风险逐渐可控，开始成为微金融机构非常愿意发放贷款的客户。因此，微金融机构一般倾向于根据成熟期的小微企业的信用情况及其融资需求的特征来设计小微金融产品和服务，较少考虑处于初创期和最初成长期的小微企业的信用情况及其融资需求的特征来设计小微金融产品和服务，这实际上是对处于初创期和成长期的小微企业的一种隐形排斥。

五、部分商业银行数字化经营能力不足

目前商业银行在推动数字化小微金融业务上仍存在许多制约因素，商业银行数字化经营能力不足也加剧了中国小微企业的融资困境。在数字化转型的背景下，互联网金融机构在数字化经营布局和转型中，具有更早、更快的优势，走在中小银行等地方性金融机构的前列，但由于互联网金融与国有大型商业银行和股份制商业银行相比，整体实力有限，例如，体量相对较小、物理网点较少。中小银行等地方性金融机构在金融科技赋能面临的一系列挑战，例如，金融科技投入不足等。中国互联网金融协会发布的《中国商业银行数字化转型调研报告》显示，参与调研的商业银行数字化能力成熟度（衡量数据治理能力的指标）总体自评估在满分为 5 分的情况下，只获得 3.01 分，中小银行得分仅约为 2.80 分。数据质量不够规范、数据价值挖掘能力不足（59%）、存在传统数据孤岛等问题的存在，表明当前较多商业银行的数字化转型还处在起步阶段，不能满足小微企业的融资需求。

（一）数字化服务触达能力建设不足

传统商业银行的数字化客户主要是由线下网点客户转换而来，缺乏数字化获取新客户的能力。银行提供的专门服务难以触达更多的小微企业的需求信息。目前台州、苏州等地搭建的数据共享平台，解决了政府部门在数据归集和共享等问题，但大部分政府部门对部门数据持保守态度。另外，以公共事业单位形式运作的共享平台的功能主要是进行数据归集，市场化思维不足，缺少对数据的分析与深挖。大部分银行尚未建立起内部数据仓库和数据体系以实现数据的互联与共享，由于缺乏科学的小微企业评估系统，缺乏具体的针对小微企业的评估指标，倾向于以大企业的评估指标来评定小微企业，使小微企业较难通过贷款审核。此外，与多样化的小微企业的需求相比，现有的小微企业线上服务的种类较少，覆盖面较窄，有的线上服务还不能完全满足客户的需求，还需要客户到网点才能办理。因此说，小微企业数字化服务质量还有待提高。

（二）金融数据共享和融合应用不足

商业银行进行数字化转型所需的基础条件包括一定的资金实力、历史数据沉淀、数字技术基础、累计的客户资源，需要进行经营理念与组织架构的转变。一是数字化经营要求金融机构具有开放性的思维。但对于金融机构来说，其所拥有的数据是一种能增强自身竞争力的战略性资源，因此从主观上不想共享数据；即使是金融机构内部也因数据分属不同部门，涉及部门的权责，也不想共享数据。二是数字化转型需要较高的数据安全方面的技术。在数字化建设所需人才队伍方面，相关科技人才较少，领军人才尤其不足。在数字技术的应用方面，科技研发投入还有待提高，技术应用能力还有所欠缺。因为金融数据是有关客户隐私、企业商业秘密等，数据安全方面的技术不够的情况下，数据共享可能会产生一些风险。同时还要注意数据的违规使用或滥用的问题。三是金融机构实现数据融合应用方面存在不足。由于不同金融机构数据接口不统一，标准不统一等原因，不同机构的数据难以互联互通，因此影响数据融合应用。

第三节　基于微金融管理侧的制约因素分析

基于微金融服务管理侧的政策性因素或制度性因素等一系列宏观因素影响着小微企业的融资生态环境。中国现行财政政策、货币政策等政策的可触达性不高，以及法律制度、征信服务与担保体系的不完善等，使得微金融服务供给方与需求方之间难以形成有效沟通。特别是在商业银行与小微企业之间，信息不对称的矛盾更为突出。

一、相关政策的可触达性不高，金融机构激励机制不完善

（一）扶持小微企业发展的政策的可触达性不高

2020年中国银保监会对小微企业金融提出的目标是"增量、扩面、提质、降本"。尽管在"增量、扩面、降本"方面取得了一定成效，但由于有些统计数据尚难明确是服务小微企业的，目前仍然存在小微企业融资难的问题。微金融服务已成为决定小微企业生死存亡的重要因素。一系列旨在解决小微企业融资难问题的政策措施，包括减税降费的财政政策，以及引导金融机构资金向小微企业倾斜的金融政策等，体现了国家对小微企业发展的扶持力度在不断加大。但在政策协调上，目前还缺乏与《中华人民共和国中小企业促进法》相对应的高层次协调机制，需要进一步落实现有的财税扶持政策和风险分担机制。由于小微企业自身的金融素养不足，正确感知和理解相关财政金融政策的能力较弱，很难第一时间捕捉对其发展有利的相关政策，一定程度上存在对政策前置条件、申请流程、福利优惠理解不到位的情况，导致国家政策在传导至小微企业端时产生了较大的"效果耗损"。表现在现实中有不少小微企业并没有被这些政策所惠及，政策的效果并不尽如人意。根据新冠肺炎疫情期间全国工商联的一项调研显示，只有24.1%的被调研小微经营者反映享受到了救助政策，超过50%的受访者不清楚是否享受到了优惠政策，而且营收规模越小的经营主体，优惠政策的渗透率也越低。不仅企业并不清楚自己可以享受到当下已经执行的扶助政策，甚至很多地方基层

执行部门也未充分掌握针对小微企业救助的具体措施，导致政策落地效果大打折扣。这种反差说明政策落实上确实存在某些堵点。只有打通微金融服务堵点，优化与小微企业等微弱经济体的沟通方式，丰富和畅通沟通渠道，才能有助于小微企业更有效获取政策扶持，在一定程度上缓解小微企业发展中的融资问题。

此外，导致当前支持小微企业的相关财政金融政策没有能够完全发挥预期效果的原因还在于，目前享受小微企业政策的一般只限于登记注册的小微经济体，数量巨大的没有登记注册的个体工商户或家庭微型经济无法享受到现行小微企业的相关优惠和支持政策。

（二）支持小微企业融资的激励机制还不完善

尽管目前中国人民银行和财政部等部门已经出台了多项促进小微企业融资的监管考核规定、减税降费政策与激励措施等。但是这些政策和措施的出发点是对微金融主体进行约束，尤其是对微金融机构进行监管，在一定程度上容易产生资金配置效率低下、小微企业贷款付出代价大等问题，同时不同政策尚未形成一定的政策合力，导致金融机构在开展小微信贷业务时的积极性与内生动力不足。

二、金融领域立法滞后于监管需要

目前，在金融领域中，《中国人民银行法》《商业银行法》等重要的金融法律还不能满足当前金融监管的需要。由于《中国人民银行法》近些年没有进行配套修订，导致金融监管缺乏足够的法律保障，来履行其承担的职责，例如，在统筹监管重要金融机构和金融控股公司等方面的职责。1995年开始实施的《商业银行法》尽管在2003年和2015年进行过修订，但随着经济的快速发展，银行业也在快速发展，增大了经营规模，拓宽了业务范围，不断创新金融产品，使得原有的条款已不能满足当前的实际需求，亟待进行全面修订。一方面涉及中小银行如何加强治理和如何健全风险处置机制等；另一方面关于涉及如何引导中小银行回归初心，如何引导大型银行开展下沉服务等问题。

目前中国金融市场违法成本低。与当前经济发展的现状相比，最高处罚金额达 200 万元，相对较低。这对发生金融领域的违法违规行为的单位来说，这么低的处罚力度，根本就起不到对其违法违规行为进行惩戒和震慑的作用。

三、小微企业融资担保机制不健全

目前全国大部分地区都缺少纯政策性的融资担保机构，纯政策性的融资担保机构与当前一些地区的国资控股的融资担保机构存在较大差异。纯政策性的融资担保机构主要是为了弥补市场机制的不足、为抵押财产不足的中小微企业提供增信，担保费率低，属于普惠金融的范畴。

部分政府性融资担保机构没有建立起具有融资担保行业特点的现代公司治理结构；在员工绩效激励、尽职免责机制与风险防控有机结合方面存在问题；机构担保能力不足、代偿压力过大影响融资担保机构作用的发挥。政府性融资担保机构担保能力不足体现在，目前政府性融资担保覆盖面严重不足，融资担保放大倍数低，财政资金撬动金融服务小微企业和"三农"的杠杆作用未有效发挥，对小微企业的融资支持力度有待提升。代偿压力过大体现在，由于小微企业易受到宏观经济形势的影响，导致融资担保机构业务风险普遍偏高。再加上疫情的冲击以及不利外部环境的影响使得小微企业的代偿率有进一步上升的风险，进而加大政府性融资担保机构的代偿压力。此外，目前针对融资担保机构性质与特点的法律保障措施法律保障有所不足。

四、社会信用体系和小微企业征信服务与建设不完善

（一）社会信用体系建设不完善

1. 政府部门间公共数据仍未有效打通

目前政府部门间公共数据仍未有效打通，存在"数据烟囱"现象[①]，之所以出现这种现象，或者是由于相关法律法规、政策制度和技术标准缺失使

---

① 各个政府部门内部之间的数据来源彼此独立，所保有的数据之间互不联通，不能互换共享，每个部门的数据就像一个"烟囱"，这种现象常被称为"数据烟囱"。

某些政府部门不敢公开其掌握的数据；或者是基于某些部门利益不愿公开其掌握的数据；或者是由于存在信息条块分割，根本就公开不了。目前台州、苏州等地搭建了数据共享平台，有效解决了政府部门数据归集、共享和应用的问题。但在大部分地区，由于政府部门数据开放意识不足，数据开放的相关制度、规则、标准欠缺，导致数据封闭在各政府部门内部。

2. 跨领域的信用数据共享不够

当前各政府机构和部门分别管理和服务不同领域小微企业，尚缺乏统一的信息归口和对外输出渠道。例如，工商、税务、社保、公安、水电、生产建设等政务信息分散在不同政府部门，现在还尚未充分解决各个层面的信息平台衔接问题。尽管国家发展改革委牵头的全国信用信息共享平台正逐步对接工信部、公安部、民政部等部门数据，由于存在使用权限普遍较少、申请手续相对繁杂、数据不系统等问题，目前还不能为大规模微金融业务提供系统的帮助。大多采用公共事业单位形式运作的共享平台，尽管其数据归集能力强，但在数据分析、数据应用方面的能力弱，缺乏市场化思维，平台作用不能充分体现。目前，商业银行整体数字化经营能力不强，数字化更多停留在操作层面，没有在建生态、搭场景、扩用户上实现有效突破。总之，目前全国范围的信息共享机制尚未建立，银行获取信息的难度比较大，获取信息的成本还比较高。

3. 关于数据采集、保护等方面的法律法规有待完善

为了改善中小企业经营环境，促进中小企业健康发展而制定《中小企业促进法》。但目前中国尚无与《中小企业促进法》相对应的协调机制，尤其是关于小微企业数据采集和保护等方面的法律法规。在目前数据的采集过程中应该是经小微企业主同意，避免了对个人信息的乱采、滥采，甚至出现个人信息泄露、数据滥用等问题。特别是因个人信息泄露，暴露小微企业主等个人隐私，使个人信息不能够在安全的封闭的范围内运转，出现个人信息违背个人意愿的滥用，甚至还可能导致金融诈骗、广告骚扰等一系列严重的社会问题。如果对于数据采集后的使用界限不明确时，还可能会引起"大数据杀熟"等问题。目前尚缺乏可以解决这些问题所需要的相关法律。

4. 失信惩戒机制不完善

对于任何一家小微企业来说，诚信都是宝贵的财富，失信惩戒是对失信者的严重惩罚。在当前经济下行背景下，小微企业经营的外部环境变得更加

不明确，再加上全社会信用环境仍还不够完善，小微企业在经营过程中，违约现象变得更加频繁。小微企业的不良贷款率高于整体企业平均水平，甚至出现部分小微企业恶意"逃废债"的行为，针对这些失信行为的惩戒机制不完善，使得在信贷市场上出现"劣币驱逐良币"现象，即银行对小微信贷的发放更加谨慎，更加剧了小微企业的融资难。

（1）社会诚实守信约束机制不强。在市场经济改革过程中，一旦存在法律制度和社会保障机制不健全时，就会有很多个人或者企业因过分追求经济效益而出现失信的情况，再加上市场主体之间的关系越来越复杂，市场主体之间存在的信息不对称使得市场主体之间产生不公平竞争现象，给了部分企业违规经营者以可乘之机。目前，中国正处于在社会机制转型期间，旧的社会道德约束机制不强，容易出现社会道德规范缺失现象，新的道德约束机制又处于形成过程中，即相关社会诚实守信约束机制不健全，使得部分小微企业对信用信息重要性的认识不足，例如，小微企业出现不按时年报或年报作假的行为。

（2）法律约束机制不健全。由于当前与社会信用体系建设相关的金融法律法规体系仍不完善，对小微企业以及个人等社会主体失信惩戒措施不严，经常出现部分小微企业在出现生产经营产生危机之后，小微企业主不是想方设法寻求各种措施使企业"起死回生"，而是采取抽取企业的资金，转移企业有限的资产等恶意"逃废债"行为，而不是担心进入失信人员名单而对自己或将来创办的企业信用产生不利影响的问题，而导致部分小微企业主故意不归还银行贷款的现象。

（二）小微企业信用体系不完善

征信体系是金融领域解决信息不对称问题的重要金融基础设施。目前中国社会信用体系建设仍滞后于经济快速发展的步伐，社会信用基础相对薄弱，诚信激励机制与失信惩戒机制尚不完善，以金融数据为主的征信系统无法满足多元化的信息服务需求。例如，征信体系在解决当前中国最迫切的小微企业、个体工商户的金融需求上仍存在供给不足的现象。在微金融领域，与大中型企业相比，小微企业在经营财务信息方面的完整性差、真实性弱，银行等金融机构难以对其风险进行准确识别和定价。这不仅容易导致部分缺乏信用信息的小微企业被金融机构"排斥"在享受金融服务之外、增加其贷款成本；还容易产生由于微金融机构不能全面了解小微企业的总负债状况，不能做出正确决策和进行有效的贷后管理。

1. 小微企业信用体系建设进展较慢

目前，与小微企业自身的发展相比，中国小微企业信用体系建设进展较慢，小微企业的信用信息在社会信用体系中的供给不足。小微企业能否获取贷款，其信用是非常重要的标识，因为诚实守信的小微企业所拥有的优秀、良好的信用记录相当于展示企业形象的名片，有的时候会起到比广告更好的效果。对于从未取得过信贷业务的大部分小微企业，则没有信用记录，即"信用白户"。这部分小微企业在申请商业银行贷款时，因没有信用记录，难以跨进商业银行的授信门槛，即商业银行不愿意为这部分的小微企业发放贷款。

2. 小微企业信息采集难度大

为小微企业信用进行精准画像的前提是能够采集到的具有真实性、完整性和可持续的且是多维度的小微企业数据。目前国内征信机构在实践中存在信息采集难度大、缺乏连续性等问题。征信机构除了采集信贷数据[①]以外，在其他行业、领域进行数据采集及更新均存在困难。一是对于由于采取爬虫技术获得的部分数据来说，存在数据真实性的问题；二是由于缺乏稳定的数据来源，使得小微企业的数据存在可持续性问题。同时，目前备案企业征信机构为小微企业提供的信用服务产品较为单一，信息采集内容以企业基础信息为主，其次主要是缴税数据，还包括工商登记信息、税务信息、水电气费用等数据。对于能够反映企业信用状况、履约能力的重要信息，如小微企业近些年参与招投标的情况、签订合同的履约情况等信息的采集难度大。同时，由于中国信用信息大部分由各级行政部门、司法部门等部门所掌握，缺乏信用信息共享平台和协调机制，"信息孤岛"现象比较明显，各征信机构所采集的数据维度不广，不能对小微企业信用从不同方面进行多维度评价，不利于针对各行各业小微企业特点进行征信服务产品的研发，以及进一步推广使用小微企业信用服务产品，导致了小微企业信用信息供给的局限性。

3. 小微企业征信产品不标准、不统一

由于国内征信机构建设主体所采集数据的来源基本都是政府各级行政部

---

① 金融机构根据《征信业管理条例》要求向金融信用信息基础数据库报送信贷数据。

门的非银行信息,而各级政府部门基本上是基于自身需要建立的信息系统,这就使得征信机构采集到的各部门的数据质量参差不齐,通用性不强。再加上国内征信机构的信息采集周期及具体要求不同,使得征信产品的标准化程度不高。国内征信机构在对小微企业非银类信息的整理与加工时,由于采集数据项类型不一致,采用的数据评分模型不同,评价标准不统一,就有可能会出现即使是同一家小微企业,不同的征信机构给出的信用评价也不一致的情况,导致不能客观、准确地反映小微企业信用状况。即不同的征信机构出具的信用报告、信用评分各不相同,因此,出现金融机构在实际应用中对不同征信机构出具的征信产品认可度不一致的情况。

4. 小微企业征信服务产品供给不足

金融机构需要通过小微企业征信服务产品来解决与小微企业之间的信息不对称问题。目前可以对小微企业的信息进行汇总的全国性的小微数据库尚未建成,小微企业信息数据的共享机制尚未形成,金融机构无法全面有效地获取小微企业信息,使得小微企业难以通过金融机构的信用考核获得贷款。尽管至 2020 年末,包括人民银行推动各地陆续建立了 131 家企业征信备案机构,用来收集、整理、保存小微企业的信用信息,并为金融机构提供小微企业征信服务产品。但大部分征信机构因政府重视力度不够,部门协调难度大、非公开政务信息归集困难,导致征信机构在提供小微企业征信服务方面尚未完全发挥,无法满足小微企业在获取融资时对征信服务的需求。

五、多层次资本市场不完善

目前小微企业所获得的金融服务与其作为国民经济的"金字塔基"的重要地位不匹配。中国股权融资的整体支撑较弱,债券市场分层尚且不足。在股权融资方面,各类股权融资仍不发达,其中,天使基金、风险投资基金、创业投资基金等仍处于起步阶段。2019 年创业板与新三板融资额与同期小微企业贷款增量的比值为 1∶16,远低于日本 2018 年的 1∶7.4。[①]

在债券融资方面,中国的债券市场也很不发达,规模太小,尤其是小微

---

① 中国人民银行. 完善中小微企业融资制度问题 [R]. 2021 年 3 月.

企业证券化市场体量仍然较小。因小微企业的融资需求庞大，即使小微企业ABS融资模式总量同比明显增长，但对小微企业的融资支持仍十分有限，小微企业的资金需求主要是靠信贷。截至2019年末，中小微企业的各类债券余额占所有债券余额的比例较低，仅为1.3%，仅占同期小微企业贷款余额的3.41%。其中70%以上的中小微债券融资还是依赖银行发债[1]，因此，中国目前还需要进一步培育支持小微企业发展的股权市场和债券市场。

本 章 小 结

本章基于经济学的供需模型搭建微金融需求侧（小微企业）、微金融供给侧（各类金融机构）、管理侧（政府与监管部门）三方分析框架对影响微金融支持小微企业发展的相关制约因素进行细致分析。

（1）基于微金融需求侧的制约因素分析。第一，小微企业财务管理不规范，缺乏"硬信息"。小微企业一般财务管理不规范（部分是家族式管理），不能提供符合金融机构要求的财务报表；在业务开展过程中不注重信息的积累，在金融机构的相关的历史信用数据较少。第二，小微企业资产规模相对较小，抵质押物存在一定不足。由于资产和担保层面处于弱势，难以形成有效的贷款增信，而不能获得信用贷款。第三，小微企业金融素养的缺失。一方面，可能使得小微企业存在借贷不足的情况；另一方面，小微企业可能因为资金规划不合理或对自己未来的经营过度乐观，导致过度负债。过多的资金供给不一定会促进这类小微企业的发展，反而可能会加大其经营风险。第四，小微企业没能正确认识自身信用建设的重要性。这影响微金融机构凭借企业经营相关信息进行风险评估，最终影响小微企业信用贷款的获得。第五，小微企业数字化转型不足。一是因为数字化转型成本高而不能轻易转型；二是因为数字化转型门槛高，缺乏信息化专业人才团队，导致小微企业不会转型；三是因为合适的数字化转型方案较少而不敢转型。

（2）基于微金融供给侧的制约因素分析。第一，微金融机构自身建设的不足：一是在思想认识方面存在的不足，表现在金融机构不重视小微企业融

---

[1] 中国人民银行. 完善中小微企业融资制度问题［R］. 2021年3月.

资业务，并且认为小微企业的融资业务不一定具有商业可持续性；二是在经营能力与风险控制能力方面的不足；三是金融治理结构不合理；四是金融机构的服务模式和机制创新不足，使得金融机构在为小微企业服务时，出现不敢、不愿、不会或不能贷款的情形。第二，微金融机构获取小微企业信息存在一定难度，这是因为小微企业生产经营中产生的数据不全面，并且中小微企业和企业主的信息没有全部纳入信用评估风控体系；后疫情时代金融机构面临更大的风控压力，对征信服务的精准性和定制化产生了更大要求。第三，在发展小微业务内生激励方面，传统金融机构仍存在一定不足。规模导向、利益导向使得传统金融机构对小微企业不敢贷、不愿贷，尽职免责难以落实，缺乏开展小微业务激励机制。第四，微金融机构提供的金融产品与小微企业的需求不匹配，具体体现在：小微企业贷款产品流程复杂、时间成本高，金融产品种类较多但差异性小，金融产品未覆盖企业的完整生命周期等。第五，部分商业银行对数字技术挖掘还不够充分，数字化更多停留在操作层面。

（3）基于微金融服务管理侧的制约因素分析。第一，当前扶持小微企业的政策可触达性不高，金融机构激励机制不完善。一方面，国家政策在传导至小微企业端时没有达到预想效果，政策惠及的小微企业不全面，在政策落实上确实存在一定堵点；另一方面，当前的相关政策和措施互相独立，尚未形成一定的政策合力。第二，金融领域立法滞后于当前因经济与金融的快速发展而带来的对监管的需要，亟待对相关法律进行全面修订，并且中国金融市场违法成本低，无法起到对金融违法违规行为进行惩戒和震慑的目的。第三，小微企业融资担保机制与发达国家的融资担保机制相比，尚不够健全。一方面，目前政府性融资担保覆盖面严重不足，融资担保放大倍数低；另一方面，财政资金撬动金融服务小微企业和"三农"的杠杆作用未有效发挥。第四，社会信用体系和小微企业征信服务与建设仍然不能满足当前金融领域的需要，表现在：一是反映小微企业信用的信息在跨部门、跨领域的共享程度低；二是关于数据采集、保护等方面的法律法规还不够完善；三是对有关微金融主体的失信行为进行惩戒的机制尚不完备；四是小微企业信用体系建设没有预计进展的那么快；五是小微企业征信产品不标准、不统一，小微企业征信服务产品供给不足。第五，支持中小微企业发展的股权市场与债券市场发展不足够完善，表现在股权融资的整体支撑较弱，债券市场分层存在一定的不足。

| 第六章 |
微金融支持小微企业发展的国际经验与启示

世界银行的相关研究显示,对于上中等收入经济体来说,与不平等的市场竞争规则、不合理的企业税率、缺少高素质的产业工人队伍等因素相比,困扰中小企业日常运营的最大障碍是融资问题(世界银行,2017,2019)。这主要是因为上中等收入经济体经济增长较为活跃,中小微企业融资需求较大,但与高收入的发达国家相比,由于相关支持中小微企业发展的政策体系不够完善,小微企业融资金融市场体系不健全,造成资金需求与供给之间存在缺口。对于大多数小微企业来说,由于其自身特征以及银企信息不对称等原因,很难取得抵押贷款、信用贷款等基于企业增长潜力的贷款或融资。因此,融资难、融资贵成为制约小微企业发展的关键因素。

从国际经验看,美国、德国、日本等发达国家把为小微企业提供的金融服务作为一种准公共产品,加大政府在法律体系、财政资金支持、金融基础设施建设等方面的参与,逐渐形成了良好的小微企业融资生态环境,促进金融机构支持小微企业发展,较好地解决了小微企业融资难的问题。[①] 美国、德国、日本三国在解决小微企业融资问题的措施一般离不开以下四个方面:一是完善的法律与制度体系;二是完善的政府担保支持体系;三是完善的信用体系;四是完善的小微企业融资金融市场体系,促进融资方式的多元化发

[①] 据德意志银行2014年的调查,德国企业在信贷申请时只有1%的企业被拒绝,仅2%左右的企业未明显感到融资获得感。美国全国独立企业联合会2018年9月公布的小企业乐观指数报告显示:只有3%的业主报告"融资是影响发展的首要问题"。

展。美国、德国、日本在上述四个方面做得较成功，较好地解决了中小企业融资难的问题。

在对国内外中小微企业融资的相关实践进行比较后，可以发现尽管中国在中小银行定向扶持和数字金融发展等方面已经取得一定成效；但中国在小微企业融资担保体系建设、信用体系建设以及直接融资方面尚与美国、德国、日本等发达国家存在较大差距，在一定程度上影响着微金融支持小微企业的发展。通过借鉴美国、德国、日本在完善的法律制度体系、政府担保支持体系、信用体系、小微企业融资金融市场体系等方面的建设经验，可以为中国不断完善促进小微企业发展的金融市场体系给予启发。有助于中国微金融机构根据不同类型的小微企业自身条件与其融资需求，创新微金融产品与服务；有助于改善小微经营整体生态，帮助小微企业提高自身的市场竞争力和经营水平。

第一节　法律体系及政策性金融组织架构的国际经验与启示

一、法律体系及政策性金融组织架构的国际经验

（一）促进小微企业发展的法律体系

美国、日本、德国等国家都制定了一系列保障中小企业地位和各项权益的法律，有助于为中小企业营造一个公平公正的市场竞争环境。

美国侧重于通过严密的法律规范，为中小企业创造可以与大型企业进行自由竞争的环境。不仅通过发布《小企业法》，对信用担保的对象、金额等内容进行了细致的规定，还专门设立了小企业管理局（SBA），目的是为中小企业在咨询管理培训、贷款担保等方面提供一系列服务与帮助。此外，还于1958年和1980年分别发布了《小企业投资法》与《小企业经济政策法》，还推出了其他一系列的法律法规，例如，通过《扩大小企业商品出口法》《工商初创企业促进法》等法律来限制大型企业进行市场垄断、维护小企业的正

当利益。以上法律法规营造了良好的法律氛围，在促进美国小企业的发展壮大方面发挥了重要作用。近些年，随着信息技术的发展，为规范互联网金融，美国又相应出台了《美国金融改革法》和《电子银行业务安全与稳健程序》等法律法规。

日本为对中小微企业给予法律保护，在1953年和1958年分别颁布《中小企业信用保证协会法》和《中小企业信用保险公库法》，这些法律法规有助于畅通中小企业的融资渠道。

德国政府为了帮助中小企业能够发挥自身优势，与大中型企业进行公平竞争，设立了一系列能够创造良好竞争环境的中小企业相关法律法规。德国于1974年开始对《反限制竞争法》进行修订，之后又陆续修订了《民法典》《商法典》等法律法规，还制定了专门对中小微企业给予法律保护的法律法规，例如《中小企业促进法》。

（二）促进小微企业发展的政策性金融组织架构

不少国家都设立了为中小企业提供各项服务的专业化机构，这些专业化机构既有政府性机构也有商业化机构。例如，美国的小企业管理局、德国的复兴信贷银行、日本的商工组合中央金库等。

在2018年的统计中，德国有252万家小微企业，占到德国企业总数的82%以上。处于创业期的、成长期和成熟期的小微企业贷款户数比分别为23%、34%。45%的小微企业靠自有资金解决资金需求问题，银行贷款融资占比约为30%，各类政策补助贷款占比约为15%。[①] 与美国和其他欧洲国家相比，尽管德国的资本市场并不发达，小微企业融资大多依靠银行，由于德国政府与各类金融机构共同形成了功能互补的小微企业融资体系，几乎没有融资难题。德国支持小微企业发展的金融体系为：以政策性银行为主力，以担保银行为保障，以商业银行为依托。其中，德国复兴信贷银行（以下简称"KFW"）是德国一家政策性银行，德国联邦政府拥有80%的股权，州政府拥有20%的股权。KFW下设专门的中小企业银行和州立担保银行。中小企业银行每年向其国内小微企业提供超过200亿欧元的新增贷款，是德国小微企业融资体系的主力和核心，KFW的主要作用包括以下三个方面。第一，提供长

---

① 德国联邦统计局2018年的统计数据。

期低息贷款。针对小微企业的贷款主要有创业贷款和一般性贷款。其中，创业贷款的期限为5年或10年，总贷款金额不超过10万欧元；一般性贷款的期限不超过20年，总贷款金额不超过25万欧元。贷款利率通常比市场低2%~2.5%。[①] 第二，以市场化机制运营，与各商业银行是合作关系。这一合作关系体现在，小微企业只能向商业银行提出贷款申请，经商业银行分析和KFW审批后，信贷资金由KFW选择的商业银行作为转贷银行，由转贷银行向中小企业发放贷款，最终贷款风险也是由转贷银行承担。第三，风控管理流程化。一方面，KFW用一套公开的标准和流程对转贷银行进行筛选；另一方面，对申请贷款企业的项目进行审批。

二、法律体系及政策性金融组织架构的启示

（一）完善小微企业相关的法律体系

结合中国国情，建立健全与小微企业相关的各项法律法规。一方面，可以重点保护小微企业的知识产权、经营权、财产权等；另一方面，可以通过严厉打击小微企业的财务造假、商业欺诈等违法行为，严格处置相关人员的以权谋私、权钱交易等行为，进一步营造公平竞争的市场氛围。

（二）优化政策性金融组织架构，提升政府性资金投入的效益

中国可以参照美国、德国等国经验，通过组建中小企业发展局，发展中小企业银行、担保银行、中小企业投资公司等，不断完善多主体参与、各自优势互补的微金融服务体系。在财政资金使用方面，将有效促进财政资金提质增效，提高财政资金的风险补偿能力，延长财政政策时效，不断扩大财政资金的惠及面。同时，还可以考虑通过接受大企业捐赠等方式，扩大政策性资金来源。

---

① 德国复兴银行网站，https://www.kfw.de/kfw.de.html。

第二节　融资担保制度建设的国际经验与启示

一、融资担保制度建设的国际经验

构建完善信用担保制度对于解决中小微企业融资难问题至关重要。国际经验表明，在发达国家中，包括担保立法、政策导向、财政政策、风险控制等内容的相对完善的信用担保制度，有效地促进了中小微企业融资。

（一）建立专门为小微企业服务的担保体系

美国重视通过政策性金融机构，如小企业管理局、小企业认证发展公司、小企业投资公司等，为中小企业提供信用担保和直接贷款。例如，1953年美国颁布《小企业法》后，逐渐构建起全国、区域和社区的三层次担保体系：中小企业管理局（SBA，1953年成立）、州政府（如2008年金融危机后实施的"小企业信贷支持计划"）和社区机构（如社区内小企业发展中心、社区开发公司、微型贷款公司等）负责实施担保职能。中小企业管理局通过构建完善银政企风险共担、担保贷款二级市场流动等机制，基本实现了商业化可持续运营。

德国担保银行为小微企业能够成为德国经济发展的中坚力量提供了保障。德国担保银行是由商业银行、保险公司以及工商业协会等机构共同发起设立的股份制公司，也是一种公益性组织。尽管它是独立的银行机构，但政府是其运营的强大后盾，具体表现如下：一是担保银行与商业银行承担的贷款风险比例分别为80%和20%，其中，在担保银行承担的贷款风险中，政府再承担80%；二是当担保银行的损失率超过3%，需要启动风险补偿机制时，政府会在一定程度上增加损失承担比率；三是担保银行享受政府的税收优惠政策，只要担保银行的新增利润仍用于担保业务，担保银行便无须缴纳任何税费。[1]

---

[1] 田静怡. 德国普惠金融经验借鉴[J]. 中国金融，2021（11）：90-91.

（二）加大财政支持力度，改善政策传播方式

一是加大财政支持。在促进小微企业发展方面，尤其是面临经济发展形势下行的时期，财政应首先加大对小微企业直接支持的力度，常见的直接支持方式包括税费减免、直接补贴、贷款贴息等，见效快效果好。在美国是政府机构小企业管理局，在德国是中央政府、州政府和复兴银行（政策性银行）。二是改善政策传播方式。美国和德国两国的政策多以强有力的传播形式充分触达目标受众，如在政府官网专设界面友好、分类清晰的小企业援助专区。

综上所述，在美国、德国、日本等发达国家在各自界定中小企业的标准的基础上，不断完善包括担保立法、政策导向、财政政策、风险控制等信用担保制度，有效地促进了中小微企业融资，具体见表6-1。

表6-1　　　美国、德国和日本的融资担保体系与保障机制的比较

国家	政策性担保体系	保障机制	风险控制
美国	小企业管理局资金（由美国财政负担，设置在各州、社区办事处的运营资金由地方政府拨款）、小企业认证发展公司、小企业投资公司等，为中小企业提供信用担保和直接贷款	一是法律保障。《小企业法》《小企业投资法》《小企业经济政策法》《工商初创企业促进法》等。二是机制保障。完善的基础数据与设施；形成合力的管理、服务与监督架构；业绩良好的信用评级机构	一是实行合作准入制；二是实行风险分担；三是实行合作评价
德国	商业银行、保险公司以及工业协会等机构共同发起设立的担保银行	法律保障：1999年率先推出了中小企业贷款证券化。中小企业具有数量多、产业集群化和政府重视的特点，充分利用金融创新的成果，通过资产（贷款）证券化为中小企业融资	一是承担的贷款风险比例：承贷商业银行20%，担保银行16%，政府64%；二是当担保银行损失率超过3%，需要启动风险补偿机制；三是担保银行享受政府的税收优惠政策
日本	1937年的东京都中小微企业信用保证协会，1955年成立了全国信用保证协会联合会，1958年日本成立全国性的中小企业信用保险公库（以中央政府财政拨款为资本金）	法律保障：1953年的《中小企业信用保证协会法》，1958年的《中小企业信用保险公库法》，一系列政府施行令和施行规则	银行、融资担保机构（70%~80%）与企业之间的风险分散机制与补偿措施

二、融资担保制度建设的启示

参照美国、德国等国家的经验，组建国家及地方层面的中小企业发展局，发展中小企业银行、担保银行、中小企业投资公司等，完善不同层级和不同类型担保机构之间的联保、分保及再保等机制安排，形成多主体参与、优势互补的微金融服务体系。借鉴KFW的模式，成立政策性机构为中小企业融资和发展提供保障。在国家开发银行、农业发展银行和进出口银行等政策性银行的基础上考虑再成立小微企业发展促进银行以及与之相配套的资信评估、信用担保等机构。需要注意两点：一是政策性银行的筹资需要通过市场化融资来提高效率。二是政策性银行通过商业银行开展业务。对于政策性融资担保公司应建立基于"担保基金支出效能"的评价体系，以担保基金支持小微企业的融资户数、融资金额以及实际的风险补偿作为核心评价指标，改变传统的强调盈利性和国有资产保值目标的理念。适当提高担保代偿率等风险容忍度。对于微金融机构符合补偿条件的贷款损失，应进一步提高补偿率，对融资担保基金风险补偿支出，实施"尽职免责"。充分调动大量商业担保机构服务小微的潜能。考虑到民营资本在金融科技发展、业务模式创新、销售网络建设等优势，可以与政策性担保机构形成差异优势互补的格局，推动融资担保体系升级，提升风控水平，可以覆盖长尾端小微企业。总之，银行等微金融机构可以继续与政府贷款风险补偿基金、担保机构等加大合作，持续构建多层次的风险分担机制，促进微金融对小微企业发展的支持。

第三节 小微企业征信服务建设的国际经验与启示

一、小微企业征信服务的国际经验

目前国际上小微企业征信服务模式类型主要有市场主导型（以美国为代表）、"政府+市场"型（以德国为代表）以及行业协会主导型（以日本为代表）三种模式（见表6-2）。从发达经济体的经验看，美国、德国、日本的小微企业征信服务模式具有其特色。

表6-2　美国、德国、日本小微企业征信服务的运作模式与主要特点

国家	征信业务运作模式	主要征信机构	主要特点
美国	市场主导型	Exqerian（个人征信），Equifax（个人征信），Trans Union（个人征信），Dun & Bradstreet（企业征信）	1. 征信产品的标准化程度高 2. 征信信息来源广泛，有效性和持续性强 3. 征信产品种类多样化 4. 征信产品的认可度较高
德国	"政府+市场"运作型	Schufa, Creditreform, Buergel	1. 公共信用信息系统是重要的信息来源 2. 市场化的征信机构是德国企业征信服务的主体 3. 征信机构分支机构广泛
日本	行业协会主导型	帝国数据银行（TDB），东京商工调查公司（TSR）	1. 企业征信机构规模化经营 2. 小微企业信用调查报告内容较为统一 3. 现场调查是信用评分的重要环节

资料来源：洪芳，万雨娇. 小微企业征信服务的国际经验及借鉴[J]. 青海金融，2020（8）：53-57。

市场主导型的特色是充分利用市场机制，激发各个征信机构开展公平竞争，根据信贷市场和资金需求方不同的征信需求，不断进行征信服务和产品的创新，使其具有多样化与个性化等特征。

"政府+市场"运作型是一种双轨运行机制，其中，公共信用信息系统是由政府、中央银行和金融监管部门共同建立的，私营征信系统是由市场化征信机构建立的。征信机构具有广泛的信息来源，采集多维的数据项，信用产品丰富，按照相对统一的标准进行数据的采集、整理和加工。这种双轨运行机制在推进跨部门跨领域信息共享上具有优势。

行业协会主导型是通过行业协会来建立信用信息互换平台，这一平台不以营利为目的，在为其会员提供企业和个人信用信息时，只收取成本费。这一平台建立的目的是形成会员内部信用信息共享机制，通过这一共享机制来采集和使用个人和企业信用信息。

二、小微企业征信服务建设的启示

（一）逐步形成以央行征信为中心，社会征信机构为主体的多元化社会征信体系

央行征信系统作为中国征信体系的核心和基础，其提供的衡量客户信用程度的信息是最直接、权威、有效的信息，这些信息是基于金融机构的借贷信用数据，是衡量信用状况的强参数。

目前中国征信市场需求巨大，尤其是对于小微企业的征信建设不足，影响到小微企业融资。面对尚未满足的征信市场需求，为充分发挥好央行征信中心作为公共征信机构的主渠道作用，可以借鉴日本行业会员制模式，对征信中心的运行模式进行适当调整和创新，以国家有关部门、主要金融机构为成员，建立数据提供方、采集方、使用方等协商采集和共享机制。从国际层次来说，有助于更好服务国家宏观管理及金融监管需要；从金融机构层次来说，可以满足金融机构风险管理的需求；从社会公众层次来说，可以满足社会公众信用查询的需求。

鼓励征信机构多元化发展，逐步形成央行征信中心和几家有实力的社会征信机构为主体，少量专业性、区域性民营征信机构为辅助和补充的社会征信体系。即公共征信机构与民营征信机构互相补充、适度竞争的格局。同时，应充分发挥地方市场主体优势，推动建立具有地方特征的征信机构。地方政府应该在政策上扶持类似苏州建立的"小微企业数字征信实验区"，这种能够提供小微企业征信服务的征信机构，推动了各领域的征信市场发展。

（二）健全中小微企业和企业主信用信息共享机制和被拒信息共享平台

1. 完善各类金融机构中小微企业信用信息共享机制

可以考虑借鉴英国在2015年开始推行的强制性共享机制，构建中小微企业融资需求对接平台，完善中小微企业信用信息共享机制。目的是实现中小微企业客户的信用信息能够在不同金融机构之间的互惠共享。

具体来看，通过指定国有大型商业银行和股份制银行向征信机构开始共

享小微企业及小微企业主的信息,主要包括其基本信息、账户结算信息以及之前的信贷信息等。如果征信机构向指定的大型商业银行或股份制银行提出信息报送请求,这些指定银行应该在一定期限内,比如一个月内向其报送相关信息,主要是截止到报送时最近半年内与其产生业务关系的全部中小微企业相关的信用信息,之后对这些信息进行更新与完善;如果征信机构向非指定金融机构提出信息报送请求,非指定金融机构也应该在一定期限内向其报送其全部中小微企业相关的信用信息。掌握小微企业相关信息的征信机构和各类金融机构必须在征得小微企业明确同意后,才能对该小微企业的信息进行共享和使用。对于某些一直没有传统信用信息记录的中小微企业来说,反映其经营规模和经营行为的结算账户信息,也可以用于金融机构对其还款能力和意愿进行综合评估。需要注意的是,在信息共享的过程中,无论是信息采集与整理,还是信息的加工、保存及使用等每一个环节都需要加强对中小微企业和小微企业主信息权益的保护。

2. 引导中小微企业报送和共享自身信息

中小微企业如果能够自发地把自身信用信息报送给征信机构,并且明确表示对于能够证明其自身信用状况的信息愿意进行共享,这一行为有助于充分发挥信用信息的价值。因此,政府部门与征信机构应该采取一定措施来鼓励和引导这种行为。征信机构可以将其收到的小微企业报送的信息与自有数据库进行结合,从而可以完善小微企业和小微企业主的个人信用报告,使得信贷市场信息共享水平能够得以提高。信贷市场信息共享水平越高,就越能满足信贷市场对小微企业的精准画像需求,进而缓解信贷市场因小微企业信用不足而产生的融资问题。

3. 探索构建全国性的中小微企业及小微企业主被拒信息共享平台

如果中小微企业申请贷款被拒绝时,可由政府指定的金融机构在征得被拒贷中小微企业的同意之后,尽快把该企业的基本信息、该企业的融资需求的申请信息以及拒贷信息报送到被拒信息共享平台。非金融机构与被拒信息共享平台签署接入协议后,平台对与其有协议的非金融机构开放被拒贷的中小微企业的融资需求信息。如果非指定金融机构希望为某一中小微企业提供资金,可以向平台申请中小微企业的基本信息,而这些基本信息在之前是看不到的。平台在收到非指定金融机构申请后,首先要征得有融资需求的中小微企业的同意,然后尽快将该中小微企业的基本信息和融资需求信息提供给非指定金融机构。

被拒信息共享平台的构建一方面有助于提高中小微企业的首贷率，另一方面还可以降低中小微企业获得贷款要付出的代价。可以在进行充分调研的基础上，设计拒贷信息共享的激励机制，提高金融机构对中小微企业及小微企业主拒贷信息进行共享的积极性。同时吸引更多的非金融机构参与进来，从而能够增加微金融信贷产品的供给，可以更好地满足中小微企业的融资需求。

第四节 构建多层次、多元化的小微融资市场体系的国际经验与启示

一、构建多层次、多元化的小微融资市场体系的国际经验

从各国经验看，弥补小微融资缺口，需要增加企业的外源融资总量，特别是要通过政策性金融的引导作用，增加小微企业信贷资金。同时也要优化小微融资结构，增强股权融资与其他可替代融资方式的可得性。

（一）积极打造差异化和定制化的金融服务

因为小微企业分布于城乡各地，所从事的主业属于不同行业，所以小微企业的金融需求各具特色。积极开创体现小微企业特色即个性化的金融服务，实现微金融的供给侧与需求侧的相互符合。

在美国，联邦小企业局结合小微企业融资需求的特点提供不同的商业性融资服务，并且还对小微企业给予生产管理方面的指导和帮助，例如，通过培训的方式或通过提供经营管理咨询的方式提高小微企业的金融素养。

农业容易受到气候因素、地理因素的影响，属于天然的弱质产业。对于农业的不利影响会传导至涉农经济体。在日本，一般采用政府牵头组织农业协作社的模式为涉农经济体服务，并且引导涉农经济体的负责人自愿加入农业协作社。农业协作社是基于农民的利益为出发点，通过提供合适的金融产品和金融服务，帮助涉农经济体应对其较高的经营风险。除此之外，农业协

作社还能帮助农民销售其生产的农产品以及提供其他服务。

（二）鼓励各类股权融资，发展其他新型融资方式

2008年的全球金融危机使得银行贷款信贷条件在全球方面内开始出现收紧，资本市场逐渐成为中小企业替代融资的重要渠道，尤其是对于具有高增长潜力的科技创新型初创企业。由于这些企业的经营风险较高，与风险偏好稳健型的银行贷款的匹配性并不高，更适合风险投资、天使投资或面向散户的私募投资工具等。为增强这些融资方式的应用出台，各国政府一般会采用相关的鼓励政策。在日本，通过积极鼓励发展资本市场，推动构建了主板、创业板、专业投资市场等多层次股票市场体系，并通过完善升级转板和终止上市等机制建设，有效发挥了直接融资市场在中小微企业孵化、培育、成长等企业全生命周期中的融资支持作用。美国小企业私募股权、债权融资均为全球最高，是以发达的资本市场来支持创新型小微企业的发展。

不断发展其他新型融资方式，作为小微融资来源的必要补充。近年来，在美国、英国等发达国家，股权众筹、在线票据融资等互联网金融已成为中小企业外部融资不可忽视的来源，融资租赁、保理和票据融资已在经济合作与发展组织的大多数国家中被广泛运用。

（三）做好经营约束和政策扶持之间的平衡

从世界范围来看，中小银行没有统一的发展模式。美国私营的社区银行、德国集群式发展的储蓄银行、日本投贷联动的地方银行等都各具特色和优势，但其制度框架呈现出一定规律，即只有平衡好经营约束和政策扶持之间的关系才能有效保障中小银行健康可持续发展。为了限制银行业的行业竞争、保护中小银行的健康发展，德国和日本等国均通过立法形式对中小银行的经营地域进行了限制。在美国，中小银行以股东大会、董事会、独立董事和管理层相互制衡与相互监督为基础，同时由监管部门监督、投资者监督和市场监督组成外部监督机制。

二、构建多层次、多元化的小微融资市场体系的启示

(一) 优化小微金融供给结构,提供多样化融资工具

与美国、德国、日本等发达国家的小微企业融资结构相比,中国的融资结构仍有待进一步完善。当前制约微金融供需双方的主要因素都是结构性的、长期性的,因而需要推进金融结构性改革,从根本上破解小微企业融资问题。因为每一种融资方式都是基于某一风险-收益的贷款或投资偏好,所以各有其"服务盲区"。现实中,小微企业形态多样,如果针对小微企业的融资方式是多种多样的,小微企业就可以在不同的生命周期中,根据不同发展阶段的特点,基于成本-效益最优化的原则来选择最适当的融资方式,既可以增强融资可得性,也可以降低融资成本。因此,应着力优化小微金融供给结构,对接不同小微企业的特点与需求,提供多样化融资工具,才能让金融市场与不同的小微企业更好地实现供需匹配与对接。通过加强政策性融资担保、引入资产证券化等适宜的融资方式,有效降低传统金融机构的信贷风险。利用多层次资本市场,拓宽非传统融资渠道,针对处于不同发展阶段或不同行业的小微企业的差异化的融资需求,创造性地提供相应的金融产品和服务。对以科技型中小微企业为主的创新型企业在其企业初创期、发展早期阶段,通过由政府出资,设立小微企业创业投资基金,引导社会资本和民间资本进行股权投资;对于商贸型小微企业,通过政府部门牵头搭建网上综合服务平台,为其提供应收账款、仓单、存货质押登记服务等。

(二) 降低中小企业资本市场融资门槛

小微企业融资目前主要依赖大银行的贷款,积极发展其他非信贷的直接融资如天使投资、风险投资等,以及其他新型融资方式如互联网金融、供应链融资等,减轻小微企业对银行信贷及非正规民间金融的依赖。小微企业融资之所以过于依赖大银行的贷款,主要原因在于股权融资门槛与交易成本高、产权交易市场与商业票据市场不发达、债券市场规模小等导致的小微企业融资结构的不合理。除了小微企业通过资本市场融资的门槛过高,监管部门不够灵活,也严重限制了小微企业的发展。企业融资是市场行为,

应由市场去解决。我国推出的注册制改革，不仅改变了过去的审批制，减少了腐败风险，也大大降低了发行成本，在一定程度上体现了政府"放管服"的宗旨和方向。

（三）构建大小银行优势互补、适度竞争的银行体系

近年来，尽管中国城市商业银行、农村商业银行、农村信用社等微型金融机构发展迅猛，但与发达国家中小银行的发展相比，仍处于初级阶段，通过对国外银行体系建设的实践经验进行研究，可以得出促进中国微型金融机构自身发展的启示。

从各国银行体系的组织结构看，除一般的商业银行外，往往有专门性的中小企业银行以及与中小企业匹配度更高的地区性银行。一方面，地区性银行专注服务所在区域的企业。在德国，储蓄银行与合作银行是直接与中小企业合作的主要商业银行。这些银行具有明确的经营区域范围，通过设置密集的地区性网点、贴近所在区域的客户，可以避免银行间的恶性竞争，又可以直接为中小企业提供零售融资服务。另一方面，地区性银行不以盈利为主要目标。一些以政府主导的金融机构应该侧重于本地小微企业发展的扶持属性，立足本地、服务本地，保证为当地小微企业发展提供可持续的资金和发展动力。中国考虑到中小银行与小微企业供需对接的灵活性和匹配度方面比大型国有商业银行和股份制商业银行高，具有针对小微企业贷款方面的审贷链条较短和贷款决策效率较高等特点，应进一步放开准入，增加民营中小银行数量，引导民营中小银行、地方性银行、特色专业银行健康发展。

本章小结

美国、德国、日本等国家因其经济发展水平高、金融市场发展完善程度高，在支持小微企业发展方面做得相对较为成功，较好地解决了中小企业融资难的问题。为其他国家在法律制度体系建设、政府担保支持体系建设、信用体系建设、企业融资金融市场体系建设等方面提供了实践经验。通过对这些方面建设经验的分析，有助于中国微金融更好支持小微企业发展。

（1）法律体系及政策性金融组织架构的国际经验与启示。经验体现在：

美国、日本、德国等国家为给中小企业营造公平公正的市场竞争氛围，制定了一系列保障中小企业地位与权益的法律法规。美国主要由小企业管理局为中小企业提供各项服务，德国主要由复兴信贷银行为中小企业提供各项服务，日本主要由中央金库为中小企业提供各项服务。启示体现在：一是结合国情，建立健全与小微企业相关的各项法律法规，进行中小企业发展局的组建；二是不断完善多主体参与、各自优势互补的微金融服务体系。此外，促进财政资金提质增效，延长财政政策时效，不断扩大财政资金的惠及面。

(2) 融资担保制度建设的国际经验与启示。在发达国家中，一方面重视在政策导向、财政政策、风险控制等方面完善信用担保制度；另一方面加大财政支持力度，改善政策传播方式，提高政策的触达效果。启示体现在：一是组建中小企业发展局，发展中小企业银行、担保银行、中小企业投资公司等；二是政策性银行的筹资需要通过市场化融资来提高效率，政策性银行通过商业银行开展业务；三是对于微金融机构符合补偿条件的贷款损失，应进一步提高补偿率，完善对融资担保基金风险补偿支出，充分调动大量商业担保机构服务小微的潜能。

(3) 小微企业征信服务建设的国际经验与启示。经验体现在：国际上小微企业征信服务模式类型有市场主导型（美国）、"政府＋市场型"（德国）以及行业协会主导型（日本）。一是市场主导型。这一模式的特色是充分利用市场机制，激发各个征信机构开展公平竞争，根据信贷市场和资金需求方不同的征信需求，不断进行征信服务和产品的创新，使其具有多样化与个性化等特征。二是"政府＋市场"运作型。这一模式是通过政府、中央银行和金融监管部门共同建立的，小微企业征信服务体系采用双轨运行形式，即公共信用信息系统与私营征信系统并存。征信机构信息来源广泛，数据项采集多维，信用产品丰富，在推进跨部门跨领域信息共享上具有优势。三是行业协会主导型。这一模式采用通过行业协会来建立信用信息互换平台，该平台不以营利为目的，是一种为会员提供内部信用信息的共享机制。启示体现在：首先，逐步形成以央行征信为中心、以少量区域性民营征信机构为补充，且能够展开良性竞争的社会征信体系；其次，不断完善各类金融机构的中小微企业信用信息共享机制，引导中小微企业报送和共享自身信息；最后，探索构建全国性的中小微企业及小微企业主被拒信息共享平台。

(4) 构建多层次、多元化的小微融资市场体系的国际经验。经验体现在：一是除了弥补小微融资缺口，还需要增加企业的外源融资总量，特别是更要通过政策性金融的引导作用，增加小微企业信贷资金；二是注意根据小微企业不同的融资需求来提供具有差异性和突出小微企业个性的金融服务；三是优化小微融资结构，增强股权融资与其他可替代融资方式的可得性；四是平衡好经营约束和政策扶持之间的关系，有效保障中小银行保持健康可持续发展。启示体现在：一是优化小微金融供给结构，与不同小微企业的特点相对接，提供多样化融资工具，努力实现金融产品与不同小微企业需求之间的匹配；二是降低中小企业资本市场融资门槛，积极发展其他非信贷直接融资，如天使投资、风险投资等，以及其他新型融资方式，如互联网金融、供应链融资等；三是构建大小银行优势互补、适度竞争的银行体系，合理增加民营中小银行数量，积极引导民营中小银行、地方性银行、特色专业银行等保持良性发展。

| 第七章 |
微金融支持小微企业发展的建议

小微企业的发展关系到中国当前经济转型升级,关系到保民生、保就业的大局。解决好小微企业当前面临的融资难题并非一蹴而就的事,而是一件知易行难的大事。微金融的实施,需要从理念、理论到行动。既要认识到微金融作为普惠金融的一部分,不仅仅限于"解决小微企业金融服务问题",还需要关注小微企业进一步发展的问题。微金融服务需要坚持经营中性原则和商业可持续化原则;坚持遵循有借有还、还本付息的契约原则;以小微企业可负担的成本,在尽可能广的范围内提供融资服务,帮助小微企业解决发展问题。

小微企业"融资难、融资贵",既有周期性原因,也有长期结构性原因;既有微金融供给侧的原因,也有微金融需求侧的原因。从周期性原因看,在经济处于下行期时,金融机构更加"惜贷",小微企业融资更难、实际融资成本更高,因此,政府需要在政策调控方面适当加力。而从长期结构性原因看,政府与监管部门等需要不断完善金融基础设施,优化小微企业融资生态环境(如相关政策、融资担保体系、信用体系等)进行科技驱动下的微金融供给侧改革,加快构建起有序竞争、成本和风险可控的小微企业金融服务体系,提供优质高效的金融服务促进小微企业的发展。从微金融服务的供给侧和需求侧来看,主要痛点在于供需双方的信息不对称。为消除制约微金融支持小微企业发展的主要因素,在成本可控的前提下,解决信息不对称,确保商业可持续,需要全面推进微金融供需双方的共同变革。作为微金融需求方的小微企业应从自身维度不断完善自身发展能力,提升企业内部管理制度规范性,重视技术和业务创新,提升抗风险能力,注重企业经营数据的留档存储，有意识地建立和维护企业信用。共同促进商业化的、可持续的微金融服务的发展。作为微金融供给方的金融机构则需利用科技手段降本增效，提升对小微企业的信用及风险评估能力，加快小微信贷业务和技术创新，力争实现小微金融规模经济和小微信贷可持续发展。此外，基于管理侧制约微金融支持小微企业发展的各种因素，提出完善政府政策支持体系、相关法律制度体系（融资担保制度建设与小微企业信用体系建设），营造适合微金融支持小微企业发展的金融生态环境，进而有助于缓解小微企业融资难、融资贵的问题。因此，本书基于微金融的需求侧（小微企业）、微金融的供给侧（商业银行等微金融机构）、微金融的管理侧（政府和监管机构等）维度提出微金融支持小微企业发展的措施与建议。

第一节 基于微金融需求侧的微金融支持小微企业发展的建议

为解决小微企业融资难、融资贵问题，需要推动小微金融供给侧结构改革，对小微企业上实现"精准滴灌"的支持，但不能仅仅从供给侧入手，而是应考虑小微企业自身的特征与其融资需求的特征，优化调整微金融体系结构，促进微金融需求与供给的平衡的实现。

一、小微企业增强自身能力建设

小微企业具有某些先天的劣势，体现在资产规模小、抵押担保少、项目回报不稳定、风险控制能力弱等方面。在当前经济双重调整的压力下，再加上出口市场和国内消费市场的疲软，最先被挤出的是小微企业。对于小微企业来说，多数情况下，小微企业的自身能力建设比融资更重要，是内因，对小微企业的发展起着决定作用，资金支持对小微企业发展起的是助推器的作用。小微企业能力建设是一个系统工程，需要社会各部门形成合力。目前已有一些政府部门、金融机构率先开展了相关助力小微企业能力建设的尝试，并取得了一定成效。与外因是事物变化的条件相比，内因才是导致事物发生变化的决定性因素。小微企业能否经营好，最终依靠的是优秀的小微企业管理者、良好的企业治理结构、优质的产品或服务，以及有效的商业经营模式等。小微企业要想从根本上解决自身融资难、融资贵的问题，最重要的就是让自身变得足够强大、足够优秀，优秀到成为金融机构愿意主动将其作为发放信贷的竞争对象。小微企业在金融支持下不断壮大、逐渐成长为知名品牌或发展成中型企业乃至大型企业，微金融服务小微企业的"共赢之路"才能走得更稳、更远。

作为微金融需求方的小微企业，应该回归经营生产的本质，通过完善法人治理结构、提升企业内部管理制度规范性，严格区分个人和家庭生活收支与企业生产经营收支、不断提升企业的核心竞争力。针对小微企业资产规模小、技术水平低、专业人才少、市场份额小的劣势，小微企业要想更好发展，就必须专注、聚焦和深耕主业，定位于特色经营、产品及其包装的差异化、满足消费者的不同诉求，例如，小微企业可以针对主要客户或用户，一对一地制定个性化服务方案。总之，小微企业要有其独特的经营战略、商业模式、产品和服务来克服自身的劣势，不断加强自身能力建设。

二、小微企业要有意识地建立和维护企业信用

在小微企业目前资产规模小，缺少可以用来抵押资产的情况下，要想提高信用贷款占比，就需要小微企业有意识地建立和维护企业信用。对于小微企业经营方面的数据，微金融机构一般采用人员现场进行调查的方式，了解企业业务开展情况、企业是否正常生产与正常销售、企业的采购是否稳定等情况。对于小微企业资信方面的数据，主要依托央行征信系统查询小微企业、小微企业主个人信用报告，或借助银行的计算机系统关注客户与银行的历史交往记录。金融机构在小微企业没有足够可供抵押的固定资产时，发放信用贷款时可以通过水电表、税务表或海关表（"三表"）等外部数据进行分析来控制风险，甄选优质客户。此外，随着大数据时代的到来，各类电子商务交易信息、物流信息、线上支付信息等数据的产生与积累，增加了小微企业融资的可能。这些数据可以在一定程度上反映小微企业生产经营状况。一方面，小微企业需要注重企业生产经营数据的留档存储，主动做好信息披露，增强诚实守信意识，有意识地建立和维护企业信用，与银行形成良性互动。另一方面，小微企业要努力坚守主业，培养高素质人才团队、加强产品和服务创

新，进而提升在市场上的核心竞争力；根据经营发展需要逐步补充资本金，盘活企业存量资本，增强自有资本增值的意识，合理控制杠杆率。小微企业通过合理安排融资结构，减少盲目投资或过度担保行为，保持企业流动性处于合理水平，可以增强小微企业可持续发展和融资的能力。

三、小微企业需要提高金融素养和金融健康水平

金融素养能够影响小微企业的金融行为，与日常的财务管理也存在较强的关系。提升小微企业金融素养，弥补微金融需求方的短板，有助于实现微金融供需平衡。2020 年，中国普惠金融研究院（CAFI）通过线上问卷调查发现，无论是小微企业还是个人，金融素养与金融健康密切相关，而且金融健康水平较高的小微企业对疫情冲击具有较高的韧性。合理的金融素养能力建设，不仅可以提高小微企业融资满足度，也可以帮助小微企业主更好地规划金融资产，从而提高小微企业整体的金融健康水平。根据中国普惠金融研究院专业研究人员的调研结论，提高小微企业的金融素养比起改善金融基础设施对于普惠金融更紧迫。金融素养贯穿于小微企业经营的各环节、各阶段，通过提升金融素养有助于改善小微财务规划与融资状况。良好的金融素养使小微经营者可以更有效地掌控经营节奏，进行市场拓展，应对外部风险，在确保企业持续稳健经营的基础上，稳步扩大经营规模，提升营利能力。

（一）正确认识金融素养的重要性

小微企业应该能够意识到提升自我金融素养的重要性。例如，因为小微企业主没有严格区分生产资金和生活资金，导致无法建立独立的财务体系（包括银行账户、会计簿记等）。小微企业提高金融素养有助于小微企业在意识层面厘清企业生产和日常生活的区别，有助于小微企业在知识和技能层面通过完善财务数据，提供翔实准确的财务记录，满足融资机构审批要求，提高融资成功率，并获得更好的融资条件。

在融资渠道、融资产品的选择方面，小微企业相对于金融机构来说，处于信息弱势，只有建立在信息收集、理性选择基础上的借贷才能有效满足融资需求，减少融资不足或过度融资的风险，同时减少金融机构道德风险和逆

向选择的产生。①

（二）主动提升自身的金融素养

结合小微企业的特点，经济合作与发展组织提出了对不同类型、不同发展阶段小微企业普遍适用的金融教育框架，目的主要有：一是正确认识企业财务与个人财务的关联；二是了解如何获得金融信息与金融支持；三是准确理解金融产品及相关概念；四是具备一定金融技能、知识、态度和信心。系统化、普及化、有针对性的金融教育是提升小微企业金融素养，主要应从知识、技能、态度三个维度进行。小微企业应该重视提高金融素养，提升自我学习金融知识的主动性，确保在面对金融知识空白时，能够主动寻求金融信息和支持。小微企业主动养成良好的财务和信用记录，例如，在当前替代数据广泛使用的情况下，保持正常经营流水记录、水电缴费、缴税记录等，有助于提升小微企业自身信用。

（三）增强抗风险能力

小微企业应充分利用金融科技的发展为小微企业所带来的便捷。较高的金融素养可以帮助小微企业善于甄别违规金融机构、了解新型线上金融产品特性，保护自身合法权益不受到侵害，进而降低小微企业的经营风险。从金融素养的角度看，小微企业金融素养的缺失对资金需求的低估会直接造成借贷不足，而征信缺失、资质缺乏也导致小微企业无法获得充足的授信额度。

小微企业拥有较高的金融素养可以帮助其拓展融资渠道。当小微企业面对资金缺口，无法获得银行等金融机构的低利率贷款，可以根据企业所处的发展阶段选择合适的融资渠道。小微企业通过理性审慎的现金流分析和预测，可以更准确地评估短中长期资金需求，合理安排融资和还款计划，尽早采取措施应对还款的不确定性。具备扎实的资金规划、融资安排、风险管理能力的小微企业经营者，能够在面对内外部冲击时采取灵活多样的

---

① 在此处，道德风险是指小微企业因为不能正确预估自身的资金需求，导致申请的贷款超出正常还款能力，逆向选择是指金融机构利用小微企业群体对贷款产品的不了解，诱使其接受高定价贷款。

应对方式,进一步提升抗风险能力,从而为小微企业赢得更大的生存和发展空间。此外,较高的金融素养有助于小微企业管理者和财务人员树立正确的融资观念,诚实守信,依法经营,避免因过度举债或多头举债而增加经营风险。

四、小微企业加快数字化转型

在当前数字经济快速发展的背景下,小微企业进行数字化转型成为产业数字化的主战场。

(一)小微企业应该转变意识

小微企业应该对数字化转型的重要性有正确认识,能够意识到小微企业数字化转型是其提高生存能力、竞争能力,谋求长远发展的必然选择。小微企业应从自身出发,完善企业内在管理机制,不断升级生产营销方式,寻求数字化发展方案。对于从事药店、专业连锁店、生产制造、仓储物流等行业的小微企业可以首先从人才招聘、企业管理、人员培训、人员薪资结算、财务管理等方面实现数字化,提高业务效率、降低企业经营成本。

(二)推进智能化、信息化等人才建设和培养

小微企业信息化发展是一件知易行难的事情,尤其是对于从事劳动密集型行业的小微企业来说。随着当前供应链越来越全球化和复杂化,市场竞争越来越激烈,企业的发展壮大需要更智能、更高效的供应链作支撑,小微企业更需要推进智能化、信息化等人才建设和培养,才能在激烈的市场竞争中立于不败之地。

(三)尝试对接全国金融机构,提高融资效率

在资产数字化趋势之下,小微企业的购进、销售、存货数据以及上下游合作伙伴等交易信息、商户的运营信息数字化后,小微企业通过尝试对接全国金融机构,实现数字化资产的在线融资,降低小微企业融资门槛和融资成本,提高小微企业的融资效率,这也是数字普惠金融发展的先决条件。

第二节 基于微金融供给侧的微金融支持小微企业发展的建议

影响做好小微企业金融服务的因素是多方面的，除了小微企业方面的因素外，包括小微企业自身能否完善财务管理、生产经营管理、人事管理等，还有社会信用环境能否保障金融机构有效判断小微企业发展状况，以及金融科技的应用情况。基于以上这些因素，金融机构需要做的是，在政府与监管机构的引导下，按照市场化经营规律，坚持自身商业可持续发展原则，提高自身的风险控制能力，处理好服务小微企业等实体经济与防范金融风险的关系，才能增强自身微金融服务的能力和水平。

一、金融机构提升自身的战略定位

（一）转变思想认识，提升对小微企业融资的认知能力

金融机构要认清金融脱媒化[①]、利率市场化的发展趋势，通过深入研究小微企业的主体特征和融资需求的特点，抓住小微企业这一巨大市场，在充分认识原有的"垒大户"的经营方式不可持续的基础上，转变思想意识，增强为小微企业提供金融服务的内生动力，将下一步的经营策略调整为大、中、小微各类型企业协调发展。只有对小微企业业务充分重视起来，才可能真正地实现微金融业务的可持续健康发展。

（二）清晰小微客户定位，明确目标市场

1. 各类金融机构差异化定位

中国银保监会发布的《通知》[②]指出，突出各类金融机构差异化定位，

---

① "脱媒"一般是指在进行交易时跳过所有中间人而直接在供需双方间进行。在金融领域的脱媒是指"金融非中介化"，存款人选择投资基金和证券获取高回报，而公司借款人可通过发债从机构投资者中获得低成本的资金，这样银行的金融中介作用就会被弱化。

② 2021年4月25日，中国银保监会发布《关于2021年进一步推动小微企业金融服务高质量发展的通知》。

形成有序竞争、各有侧重的信贷供给格局。各种金融机构的差异化体现在某类金融机构对某个行业、某个区域具有比较优势，更了解其具体情况。因此，金融机构需要在现有条件下进一步挖掘出小微企业金融服务的"差异化"，结合自己的优势，抓住自己真正稳定的核心客户群，针对这些小微企业的主体特征与融资需求特征进行微金融产品和服务流程设计，并注重风险防控。

由于小微企业所处行业各异，所处市场层级复杂，其金融需求具有多样化、分散化、差异化的特点，国有大型商业银行、股份制商业银行、城市商业银行、农村中小银行以及民营银行、小额贷款公司等金融机构需要结合各自的能力与优势，对客户群进行合理定位，构建差异化、多层次、竞争充分、成本适度、风险可控的微金融体系。

对于银行系金融机构，要充分发挥银行系资金成本低、业务种类广、覆盖地域广、产品类型多等特点，创新服务好中小微企业。中小银行要继续做好小微企业金融服务，大银行也需转型服务小微企业。其中，从短期来看，国有大型商业银行继续发挥"头雁"作用来履行社会责任，依托资金规模大、网点丰富等优势加大小微信贷投放，不断降低小微企业综合融资成本，将对小微企业的金融支持作为长期行为。同时，注重挖掘本行已有的各类客户资源，增强对小微企业的首贷支持，拓宽小微信贷的覆盖面。股份制商业银行积极利用自身业务优势和技术优势。城市商业银行、农村中小银行等地方金融机构应利用自身区位优势和熟人关系优势，加大对当地小微企业的支持。民营银行、互联网银行要通过科技赋能，充分利用场景和模式优势。受地方金融机构监管非银金融机构，如小额贷款公司、金融科技公司等与传统银行机构可以优势互补，通过利用其灵活性强、效率高、客户差异化等自身优势，有助于丰富微金融的供给层次，共建小微金融生态体系，共同满足小微企业多样性、分散化和差异化的融资需求，更有效地支持小微企业发展。

例如，同是初创类小微企业，也有高成长性的企业与非成长性企业之分。其中，高成长性企业主要是与高新技术有关的科创型企业，非成长性企业主要是餐饮服务企业等。一般来说，非成长性的初创类小微企业大多是靠内源融资、人情融资等筹集资金。对于此类小微企业的金融支持，主要是依靠小银行，形成小微企业融资的服务格局。对于高成长性的初创类小微企业，一般可以依靠商业银行进行信贷融资。商业银行要找准战略定位，做好风险承受能力判断，在守住风险底线的前提下发展小微企业信用融资。或者是依靠投贷联动。金融机构可以借鉴美国硅谷银行模式，将贷款发放与风险投资进行结合，利用互补效应，进一步实现金融机构和小微企业更深层次的合作与认识。

2. 以地方金融机构为例的客户定位

小微企业数量众多，在促进地方经济社会发展中发挥了重要作用。地方政府和金融监管部门在持续营造良好的市场竞争和信用环境的同时，需要引导地方金融机构满足小微企业"小、短、急、频"的合理融资需求，除为小微企业提供贷款外，还包括增加支付结算、储蓄理财、小额保险等供给。中小银行只要明晰自己的客户定位，在做好风险防控的同时，将促进客户成长作为责任，积极转向小微企业金融服务。最终实现在降低小微企业融资成本的同时，保持自身资产质量良好且获得良好的商业回报。在这方面，可以参考德国城市储蓄银行的做法，德国城市储蓄银行多年来专注于中小企业、不断提升的服务能力与效率、通过新科技的不断应用升级金融服务，在成为中小企业发展的最佳伙伴的同时，也成就了自身的发展。

（1）完善公司治理，加强风险管理。基于稳就业和维护金融安全的视角，金融行业尤其是地方金融机构需要通过提供低成本、便利的融资服务来促进本地小微企业的发展，又要避免因不良资产大幅增加危及自身的可持续发展，因此，需要完善公司治理，加强风险管理。2020年地方金融机构已采取较大力度支持小微企业复工复产，再加上金融系统让利、信贷导向等使得金融机构完善自身的经营管理能力和风险控制的难度不断增加。地方金融机构应通过不断完善公司治理，减少内部人员控制和不规范的关联交易，在相关办法规定计提贷款拨备、提高资本充足率的基础上，完善日常动态风险监测体系，进行全面风险管理。在资产端要不断降低不良贷款率、理性开展同业业务，回归既定目标定位，为优质小微和民营企业服务，来优化资产负债结构。提供的产品与服务要符合小微信贷的市场定位，例如，台州银行坚持"抓小不放大"的指导思想，即定位于支农支小，但是也会通过"积数贷款"这一立行产品，服务一部分现金流充沛的大客户。在负债端应发展零售业务，合理压缩及利用同业存单业务，提高稳定资金来源。

（2）采用机构兼并，促进地区金融供需结构平衡。小微金融服务是以小微客户为中心，必然要求微金融结构经营下沉、服务下沉。如果持牌金融机构缺乏服务供给，民间借贷就会填补融资空缺，不仅提供的融资服务不规范且不可持续，大多是极高利率的高利贷。为促进个地区金融供需结构平衡，提升地方金融机构的规模效应和抗风险能力，可以通过鼓励经营好的机构兼并高风险机构的方式，主要是城市商业银行之间的合并重组、农村商业银行之间的合并重组和村镇银行的合并重组。通过地方金融机构的合并重组，有助于增强其抗风险能力。

（3）与大型金融机构进行差异化竞争。与大型金融机构相比，地方金融机构无论是在资本规模，还是在融资渠道、产品创新等方面还存在一些不足，在发展小微企业信贷业务时面临国有大型商业银行下沉的冲击以及金融科技的冲击。一方面，需要应对国有大型商业银行下沉的冲击。地方金融机构应该回归其信贷本源，深入了解小微企业生产经营和财务状况，打破传统对抵押物的依赖，根据小微客户的第一还款来源做出是否进行发放贷款的决策。以这样的信贷技术来构建起区别于其他银行的核心竞争能力是很重要的。另一方面，为应对金融科技的冲击。地方性的金融机构应凭借自身拥有的地缘优势，立足当地经济市场的发展，发挥其决策链短的特点，致力于提供满足当地发展需求的特色金融产品与优质服务。因此，地方金融机构应树立稳健发展理念，发挥地缘优势，坚持服务当地、服务小微企业的定位，采用"大数据信贷+地缘信贷"相结合的方式，与大型金融机构进行差异化竞争。目的是让小微企业在需要资金时首先能想到的就是地方金融机构，这就会使得地方金融机构在信贷定价方面占有优势，也有助于提高地方金融机构的获客能力。

二、金融机构创新小微业务经营管理模式

针对小微企业资产规模小，抗风险能力弱等劣势，但同时具有的生产决策链短、经营方式灵活等优势，考虑到小微企业融资急、融资频等融资需求特点，微金融的供给方要创新小微企业业务经营管理模式。在建立小微企业专营机构的基础上重点进行完善小微企业授信审批制度和评判标准、加强专业队伍建设、落实尽职免责制度，才能真正提高微金融服务质量和服务能力。

（一）深化体制机制改革，优化信贷制度体系

从金融机构自身发展角度，需要不断深化体制机制改革。当前金融机构网点呈现轻型化、智能化的转型趋势，例如，国有大型商业银行需要进一步增加小微金融基层网点数量，优化网点的基础性服务，提高金融服务专营机构覆盖面。通过下沉小微企业信贷业务审批权限，对基层进行差异化授权，并优化审批流程。鼓励基层自主基于小微企业融资需求特征进行研发创新型产品和服务。简化小微信贷业务办理流程，不断提升客户体验。依托创新型信用贷款产品，构建贷前、贷中、贷后全流程线上化审批模式，并提高纯信用贷款的业务规模，缓解小微企业首贷难。

不断开发批量化的金融服务。一是针对小微企业所处的位置形成的客户群，例如，某一工业园区或专业经营区域的客户群，金融机构可以根据客户群整体的融资需求特征，开发批量化的金融服务。二是针对客户群所处的行业或交易平台形成的客户群，商业银行可采用与行业协会或交易平台开展深度合作的方式实现批量化的金融服务。对于科技创新型小微企业的融资需求，商业银行可加大投贷联动模式①的比例进行资金支持。此外，抓住优质大型企业，积极发展供应链金融模式。商业银行一方面可以从优质大型企业的上下游企业中，选取经营状况较好、发展潜力较大的小微企业，为其提供批量化的融资服务。另一方面也可以搭建供应链金融平台，主动为小微企业推荐匹配的上下游大型企业，既有利于降低银企信息不对称，又有助于提升小微企业的产销能力，最终实现商业银行、小微企业和大型企业三方共赢。

（二）落实尽职免责制度

结合当前监管机构对普惠型小微企业不良贷款率容忍度相对宽松的要求，适当降低对小微企业信贷业务的考核政策要求。一是提升基层服务小微企业的积极性，让基层信贷人员"愿贷、能贷"。降低小微金融从业人员利润指

---

① 商业银行的投贷联动模式是指商业银行以债权形式为企业提供融资支持，形成股权投资和银行信贷之间的联动融资模式。既考虑了科创企业的融资需求，又考虑了以银行为主的金融体系特点，能够发挥银行业的优势，又能够增加科创企业的金融供给。

标考核权重，增加专项激励费用和利润损失补偿。二是做细做实小微金融服务尽职免责制度和办法。对于符合制度规定的由不可避免的客观因素和非主观过错造成的不良贷款予以免责或减轻处罚。对确实无违法事件的情况，应当进一步落实尽职免责制度，不能让员工承担自身责任外的损失。

（三）引进培育复合型人才，加强专业队伍建设

一方面，加强小微金融队伍建设。引进或培育的复合型人才，要具备数字化转型的理念，丰富的金融知识和一定的管理才能；组建小微金融服务团队，团队包括小微金融客户经理、产品经理、风险经理、科技开发人员等人员，奠定小微业务可持续发展人才基础。例如，"台州模式"之所以能够成功做好小微金融服务，关键在于能沉下心，苦练内功。台州银行在人才建设方面，非常重视人才梯队建设，一般在新人入职后的半年参加"理论+实践"的学习，之后参加"笔试+现场"调查资格考试，只有调查资格考试合格后才能取得30万元以内的调查资格；之后再参加30万元到100万元的调查资格考试，最后才是100万元以上调查资格考试。成为优秀的客户经理的条件是在两年内依次通过三级调查资格考试。

另一方面，强化小微金融队伍专业技能培训。通过现场培训、集中研讨、线上学习等方式，不断提高小微金融队伍专业知识，深化小微金融数字化转型的理念，逐渐掌握客户营销技能和技巧等。尤其是小微信贷业务人员，除看重其是否具有专业知识外，更要看是否符合"社区化、行业化"的要求，"踏实、勤恳"的品格比拥有名牌本科、硕士等高学历更重要。

（四）做好客户准入把关，开展高效的信贷管理

小微企业具备企业和企业主的双重属性，尤其是微型企业金融客群的家庭和个人属性更强，除了通过对能够反映小微企业经营特征关键的"硬信息"的"三表"——资产负债表、利润表和现金流量表的信息获取外，还可以通过大数据和人工智能等技术手段，对小微企业主和家庭的财务状况进行分析，即基于"软信息"对小微企业进行信用评估。通过更丰富的数字经济工具，全面提升针对小微企业的信息识别能力和风险控制水平，做好客户准入把关。例如，金融机构加强对小微企业的走访、培训；通过主动对接海关

部门、工商部门、税务部门、社保部门等政府部门的信息平台，获取小微企业出口信息、工商年检、税务数据、社保缴纳等信息；积极与自来水公司、电力公司、物流公司等合作，批量获取小微企业水电使用、产品销售或材料采购等信息。基于产业链场景的经营数据，如订单、运单、仓单和应收账款之间进行动态匹配及交叉核验，可以更全面地了解小微企业的经营状况、信用状况，有效把控风险。通过与滴滴、携程、京东等互联网平台连接，获取小微企业主日常生活中的行为数据，目的是多维度对小微企业进行全面风险画像，缓解银企之间的信息不对称等问题，提高金融服务供需匹配的精准度，防范针对小微企业的优惠政策和金融资源被错配。

利用大数据分析技术，拓展优质客户。考虑小微企业所处的行业与经营区域、选择经济发展稳健的小微企业。在经济下行背景下，优先考虑国家产业政策优先支持的、不易受市场环境影响的弱经济周期行业的小微企业。一般来说，民生行业中包括食品行业、医药行业和非学科类教育行业等；文化创意类行业包括产业影视、旅游会展等；高科技行业以及乳制品、酒业等[①]。对于汽车和运输行业，以及建筑和能源行业等要谨慎考虑，[②] 不要进入高污染、高耗能等行业。考虑大型核心企业客户为中心，细分其供应链上下游小微企业；根据生命周期对小微企业进行分类，即初创期、成长期、成熟期及衰退期。对于初创期小微企业，其资金需求旺盛但风险较大，商业银行应在充分调研的基础上择机介入，重点选择成长期小微企业给予融资支持。

运用大数据手段，不断优化信贷审批流程，提高授信审查审批能力，加强对小微企业贷前和贷中的风险控制以及贷后管理，尤其是加强贷后资金用途的管控。目的是既避免错过真正缺少资金的小微企业，又能确保资金用途真实，防止被截留、挪用甚至转手套利。同时，及时捕捉客户经营情况变化，对于出现重大风险苗头的要及时退出。

[①] 徐成龙（2020）指出，高新技术产业主要是以知识密集型、技术密集型产业为主，具有资源消耗低、环境污染少等特点。因此，这些产业的快速发展不仅有利于资源节约和环境保护，而且对工业结构优化升级具有极其重要的促进作用。

[②] 全球风险管理机构科法斯（Coface）最新调查显示，汽车和运输行业的信用期限最长，其次是建筑和能源行业。

三、金融机构开发与小微企业融资需求相匹配的产品

(一) 提供多元化金融产品

金融产品是连接金融机构和小微企业的桥梁,目前各家金融机构对于小微企业提供的信贷产品的差异化程度不够。客群就是有着某些共同特点的客户群体。为支持小微企业更好发展,金融机构需要准确地进行客群细分,客群越细分,金融机构就越容易对客群进行精准画像,把控核心风险点,越容易设计满足具体细分客群需求的金融产品。从微金融供给侧的角度看,金融机构需要提供包含支付、结算、理财、投资、信贷等在内的小微企业金融产品。但针对小微企业来说,目前融资难融资贵是主要问题,因此金融机构需要创新信贷金融产品,中国目前有上亿小微经营户,地域分布广、所处行业多、发展情况不同,很难完全通过标准化、格式化的方案来应对,需要提供多元化的融资产品,才能实现微金融的供需匹配。因此,未来应着力优化小微金融供给结构,对接不同小微企业自身的特点与融资需求(生命周期、所处行业、资产类型、信息约束条件、资金投向等),提供多样化的融资产品和服务。

1. 结合小微企业所处行业特点进行金融产品的设计和研发

不同类型的微金融供给机构尽管可以在大数据支持下,依据各自的经营优势,针对小微企业的资金需求特点来进行金融产品的设计和研发,完善"通用型+专用型"小微金融产品体系,为更多小微企业提供多样化、个性化的便捷融资支持。例如,对于商业银行来说,在总行层面,主要进行线上化、标准化的通用型小微金融产品的研发;在分支机构层面,应根据政府相关政策的扶持力度、融资生态环境、区域产业特征,结合小微企业所处行业的生产经营风险状况等,由基层金融机构研发具有行业特色的专用型小微金融产品。例如,李贞彩和姚丽莎(2015)提出商业银行要针对商贸物流行业特征制定专门的信贷支持战略,在贷款金额、贷款利率、担保方式等方面给予支持;并创新金融服务产品,通过开办仓单质押、反向担保等信贷产品支持商贸物流业发展。[1]

---

[1] 李贞彩,姚丽莎. 临沂商贸物流发展财政金融支持研究 [M]. 合肥:安徽人民出版社,2015.

对处于某一行业的"头部小微"客户可以开展信用贷款业务。通过搭建小微企业专门的授信模型、研发互联网金融小微企业金融产品，提高小微企业金融产品的便利化。通过开发手机应用程序，简化贷款流程，可以快捷放款、灵活还款。在把控小微信贷风险方面，除了小微企业的"硬信息"，更多可以通过交易数据、财税数据、物流数据等"软信息"进行风险判别，灵活开发满足小微企业融资需求的个性化融资产品。

2. 结合小微企业所处发展阶段进行金融产品的设计和研发

小微企业在发展初期，尖端的资金需求呈现"额度小、期限短、频度高、时间急"以及少担保等特点，而发展到一定程度的小微企业可能更倾向于获得长期的经营性贷款。一是对于达到一定经营规模的小微企业可以适当扩大其有效的抵押财产和质押财产的范围，例如，大宗商品抵押和质押以及原材料的质押，开展应收账款、股权、收费权等权益类抵押和质押。二是考虑到小微企业发展到一定规模后对长期的经营性贷款的融资需求会增加，金融机构除了需要注意增加贷款总量，还需要注意贷款结构配置。许多小微企业采用短借长用的方式来解决长期性的融资需求，转贷成本会增加其资金成本。金融机构应当适当增加小微企业中长期借款的比例，来扶持小微企业发展。另外，银行要适当降低手续费、银行函证费用等各种收费。

3. 结合涉农小微企业自身特点进行金融产品的设计和研发

金融助力乡村振兴应聚焦重点领域和薄弱环节，创新金融服务模式和产品，不断完善差异化信贷政策，并加快布局高科技农业、生态休闲农业等。对于涉农小微企业进行客群的细分，孙云奋（2021）指出当前要激励优质外出劳动力回乡创业发展，大力发展农村经济。为留住这些优质外出劳动力使其成为乡村振兴的行业带头人、乡村能人、乡贤等，可以有针对性地设计适用性的金融产品，如给予较高的授信额度；对于新型农业经营主体，根据不同的行业属性采用不同的授信额度和期限核定策略行业属性，例如，对于养殖户，以养殖品种、头数和出栏周期核定授信金额和融资期限。设计具有区域特色涉农信贷产品，例如，中国工商银行福建省分行推出的具有区域特色普惠涉农信贷产品"海参贷"和"陶瓷贷"等。在设计家庭微型经济等涉农小微企业的金融服务产品时需要评估的是以家庭为单位的信用而不仅仅是以小微企业主为单位的信用，还需要注意提供综合性用途灵活（即可以满足生产和生活需要）的信贷产品，同时要考虑家庭的负债能力。此外，在中国农业规模化经营水平不高的情况下，大力发展农业生产社会化服务是实现维护粮食数量和质量安全目标的重要手段。①

（二）提高数字化金融产品市场竞争力

金融机构要积极推进小微业务线上化、智能化。针对客户需求，优化升级已上线的线上产品，不断完善现有产品功能，加快研发依托场景和流量的线上融资产品，进而完善线上小额贷款产品体系，提高数字化金融产品的市场竞争力。

（三）提升客户满意度和体验度

利用大数据技术，一方面搜寻政府部门的公共信息（如税务、海关、环保部门等），另一方面购买外部行业协会、金融科技公司等现成数据，再挖掘整合金融机构内部数据，结合大数据、人工智能等先进技术，与第三方合作机构联合开发符合小微企业发展阶段需求的小微金融产品和服务，同时通过优化业务系统，缩短小微企业客户开户、结算、贷款等流程，不断提升小微企业客户的满意度和体验度。此外，采用多渠道来加强特色金融产品的营销推广力度，例如，做好金融知识宣传，不断提升小微企业金融素养，让首贷小微企业更多地了解微金融产品。金融服务供给方利用大数据、人工智能、物联网等技术对风险进行管理，可以精准、快速地识别小微企业风险，提高实时监控和科学预测风险波动情况的能力，根据企业信用资质变化即时调整小微企业数字信贷产品。利用金融科技对企业全信贷周期的风险追踪，可以在提高运营效率，降低管理成本的同时，通过为小微客户提供定制化的服务，提高了小微客户的满意度。

（四）向合适的客户提供合适的产品，谨防"多头共贷"风险

微金融供给方可以采用搭建 KY 体系②，向合适的客户提供合适的产品，谨防"多头共贷"风险的方面，可以借鉴平安普惠的经验。平安普惠借助精准风控，为实现"负责任的金融和负责任借贷"而归纳的服务标准，在负责

---

① 徐斌. 基于委托－代理视角的农业社会化服务满意度评价研究 [J]. 中国软科学，2015（5）：67-76.

② KY 体系是平安普惠借助精准风控，为实现"负责任的金融和负责任借贷"而归纳的服务标准。

任的信贷关系背后，信贷供给者需要有足够清晰的自我认知、客户认知。"KY体系"包括 KYC（know your customer）、KYR（know your risk）、KYP（know your product）。其中，KYC 目的是找到适合的小微企业，并给予充分的信息披露；KYR 即对小微客户进行风险与信贷匹配的金融素养教育，并进行信贷全程管理，包括贷前和贷中的风险控制和贷后的管理；KYP 即向合适的客户提供合适的产品，健全的贷款流程及相应的服务。谨慎采用组合产品、谨防"多头共贷"风险。小微信贷供给者对小微企业进行金融科技赋能，提升风控授信技术，避免出现在"数据孤岛"情况下的"多头共贷"现象；在对小微企业进行授信时，要明确授信使用范围、方式和方法及对应的还款来源。对于风险程度不同、类型不同的融资需求，提供差异化、精准化的产品服务，尽量采用最适合的产品服务一次性满足小微企业的融资需求。

（五）开展机构合作

金融产品创新需要开展金融机构之间的合作，一方面，包括大型银行与中小银行之间、传统银行与互联网银行之间、金融机构与科技公司之间进行深度合作。另一方面，在细分金融行业内的合作到跨细分金融行业的合作，或金融机构与政府部门、企业行业协会等非金融行业的机构进行合作，目的是在发挥合作各方优势的基础上，实现各方信息共享，共同分担风险等，加快构建多层次、全方位、可持续的小微金融生态体系，更好支持小微企业的发展。

四、金融机构通过金融素养教育等为小微企业赋能

部分小微企业之所以融资难，除了由于其自身的原因，例如，企业财务不透明、经营合规性不足等引发税务风险、行政处罚等，很大程度上还在于小微企业即小微企业主的金融素养不足，对现行的融资政策与金融产品的了解程度不足。有的时候即使已经取得了相应的贷款，但个别小微企业在资金的使用效率和规范性上也存在不足。部分小微企业主在意识到以上问题后，希望通过参加相关培训获取关于小微企业发展的扶持政策和更专业的金融服务，另外，可以掌握小微企业所处行业的最新发展动态，以利于小微企业的

长期发展。金融机构可以在满足小微企业成长阶段的融资需求外,在融资过程中为小微企业提供"智力支持",通过金融素养教育提升等计划为小微企业赋能,进而更好地支持小微企业发展。融资与融智相结合还有助于提高小微企业融资的质量和安全,降低小微企业融资的风险。

(一)加强对小微企业保护与赋能

服务实体经济是金融的天职和宗旨。金融机构为小微企业解决资金难题与其自身的发展,不仅不是零和博弈关系,而是相互促进的关系。金融机构可以做的不只是发放贷款和收回贷款的事情,而是可以通过协助小微企业打造企业文化,逐渐实现小微企业规范发展、最终形成中长期的合作关系,实现金融机构与小微企业共同成长的目的。

小微企业主由于自身能力的局限,亟须微金融供给者通过金融素养教育提升等计划帮助小微企业主提高金融素养。在政府与监管部门的带领下,微金融供给者给小微企业提供金融产品和服务的同时,需要不断加强对小微客户的保护与赋能。一方面,微金融供给者通过持续提升服务质效,增强小微企业的获得感,并且不进行过度借贷,确保产品服务的适度性;另一方面,微金融供给者针对小微企业的特点和需求,提供适合的、适当的专属产品服务,并不断优化客户体验。同时为客户赋能,通过金融知识普及、法律常识普及,以及综合性营销辅助工具支持等多种赋能手段,从根本上提升小微企业主的金融素养,有助于小微企业的长期可持续发展。

(二)科技赋能业务,将信贷服务过程作为金融能力建设的途径

小微企业主在接受信贷服务的过程中,不断积累信贷经验的积累,都有机会带来金融能力的提升,因此微金融供给者有责任、有义务更好利用金融科技赋能业务,提供赋能通道,将信贷服务过程作为小微信贷金融能力建设的途径。从信贷业务全流程上看,在获客及销售环节,需加强前端风险初筛、产品匹配等情况,并反馈给小微企业,提升其对自身认知、微金融产品的认知能力;在贷中风控审核阶段,需通过科技赋能业务,指引小微企业明晰核心风险点;在贷后管理阶段,确保小微企业信息安全,可提升小微企业的信用经营能力。

(三) 两种方式开展小微信贷消费者教育及赋能

1. 小微信贷供给方搭建客户经营平台，对小微企业必要的赋能和帮助

赋能形式可以采用线上培训课程、咨询服务、行业互动等，赋能内容包括经营管理、法律事务、财务税务等非信贷服务。目的是对小微企业进行全面的、精准的赋能，间接提升其经营能力，降低经营风险，进而可降低信贷风险，实现供需双方共赢。

2. 针对小微企业开展金融培训

微金融供给者要积极践行社会责任，金融机构可联合有关政府部门、金融监管单位和各类社会机构可以通过不同的方式针对小微企业开展金融培训，包括现场讲解、线上视频课程、新媒体传播等方式，开展相关教育，实现更广泛的赋能目的。城市商业银行、农村商业银行等地区性金融机构可以充分利用其地缘优势，发挥更大作用。例如，做好金融宣传，让首贷小微企业更多地了解银行贷款产品，增加对银行贷款的需求；对于资质不足的小微企业，主动告知具体资质要求，帮助其改善经营进而帮助其优化资质状况；对于小微企业过度负债问题，金融机构有必要提醒其利息问题，降低其经营风险。

以家庭经济为主的涉农小微企业是实现乡村振兴的重要力量。乡村振兴在很大程度上就是家庭微型经济的振兴。当前数字经济的发展为家庭经济的振兴提供了新的机会。金融机构可在当地政府部门的支持下开展"乡村新农人培育计划"，培训家庭微型经济的负责人，使他们尽快适应数字化农业经济，能够在乡村振兴中发挥带头作用。鼓励家庭经济与数字平台结合，是乡村振兴战略和数字经济政策的一部分，有助于实现家庭经济的可持续发展。

第三节 基于微金融管理侧的微金融支持小微企业发展的建议

微金融作为普惠金融的重要组成部分，发展微金融也要与发展普惠金融一起进行统筹考虑，将微金融纳入普惠金融的发展规划中。政府推动微金融支持小微企业发展具有合理性，但也要避免"政策化"和"福利化"。归根结底，首要的是通过支持小微企业真正练好发展"内功"，这是政策着力的

根本。通过与微金融与小微企业相关的政策和制度安排来弥补微金融的市场失灵，重点是通过不断完善小微信贷担保体系和社会信用体系，构建针对小微企业的征信体系和失信惩戒机制；通过营造公平、公正、公开的环境，在市场化激励约束原则下，引导微金融机构充分利用新技术、进一步加强数字普惠金融建设等，为微金融支持小微企业的发展营造良好的金融生态环境[①]，这是深化微金融服务的重要基础。最终目的是在促进微金融机构在实现自身商业可持续发展的基础上支持小微企业的健康发展。

一、加强微金融与小微企业相关政策支持与机制建设

中国的银行体系在过去一段时间里"不愿、不敢、不能"对小微企业发放贷款，与小微企业所处的经济发展阶段和经济增长模式以及金融体系的内在结构和盈利模式有关。近年来，政策因素已经成为微金融支持小微企业发展的主要动力。在财政政策、金融政策等各项政策的推动下，小微贷款增长迅猛。在当前严峻的经济金融背景下，仍需要强化微金融支持小微企业发展的相关政策的连续性、稳定性和可持续性。从财税政策、货币政策、监管政策等多方面入手，为微金融支持小微企业创造更好的政策环境。小微企业要想成长为大企业、知名企业，一方面在于企业创始人应具有的企业家精神，另一方面需要国家社会完备的经济环境、政策环境的支持。

（一）加大财税政策支持

小微企业在发展中除面临除融资难、融资贵的问题外，还面临着经营成本高、税负重等难题。例如，针对商贸物流类小微企业因经营成本高、税负重而影响其高质量发展的问题，卢中华和王玲（2020）提出地方政府促进商贸物流集群高质量发展应构建以"产业政策、财税政策、土地政策、试点政

---

① 金融生态环境是依照仿生学原理来发展建立金融体系的良性运作发展模式。从广义上来说，是指宏观层面的金融环境，包括政治、经济、文化、地理、人口等方面，主要强调金融运行的外部环境，是金融运行的一些基础条件；从狭义上来说，是指微观层面的金融环境，包括法律制度、行政管理体制、社会诚信状况、中介服务体系、企业的发展状况及银企关系等方面内容。本书主要分析狭义的金融生态环境。

策"为核心的政策体系。① 地方政府采用给予小微企业适当的财政贴息、一定比例的研发投入补贴、采用固定资产加速折旧等政策进行支持，具体可以通过打造企业共享园区、共享工厂、创新实验室等方式，尤其是对于提供较多就业机会、科技创新型小微的企业给予财税政策支持。为解决小微企业税费重的问题，下一步减税降负应该更加倾向于小微企业，对小微企业实行结构性减税。例如，将贷款利息纳入增值税抵扣的范围，进一步提高小规模纳税人增值税起征点、减征小微企业和个体工商户所得税、降低小微企业支付手续费，同时适当减免企业社会保险费用缴存等减轻小微企业负担。对于具有轻资产运营、融资能力差，抗风险能力低的科技创新型小微企业，可以加大其研发创新补贴，并有效识别和精准支持拥有核心技术和发展前景好的小微企业，以促进稳定、健康的现代化产业链的构建。

财政部门要持续完善贴息、风险补偿等机制，对分散在各部门的小微企业财政补贴资金进行有效整合，提高财政资金的风险补偿能力，延长政策时效，扩大有限的财政资金惠及面。对于各行各业小微企业差异化的融资需求，可以通过在大资金池下设立不同的融资支持项目来解决。不同项目的资金运用方式、费率、风险分担比例根据其所服务的小微企业类型来进行设定。同时，还可以考虑接受大企业捐赠等方式扩大政策性资金来源。通过发挥财税政策的引导作用，激励融资担保机构和金融机构资源可以更多流向中西部、基层地区的小微企业，有助于改善中国因区域经济发展不平衡而带来的微金融在不同区域的结构不平衡问题。政府在提供贷款贴息和信贷担保等财政资金支持的同时，还应在创业指导、技术援助、专业培训、市场开拓等方面为小微企业提供专业化的服务，全面提升小微企业的治理能力和投融资能力。

（二）继续发挥货币政策的结构优化作用

推动金融资源向制造业、民营小微等实体经济发展的重点领域和行业进行汇集，增强货币政策的精准性、直达性和普惠性。在保持目前普惠小微企业的贷款延期支持工具和普惠小微企业信用贷款支持计划的支持力度不变的基础上，应进一步探索优化为服务普惠领域的长期政策工具，最好是形成一种更好地助力小微企业等实体发展的制度。传统的金融机构对于中小微企业

---

① 卢中华，王玲. 商贸物流集群高质量发展研究 [M]. 北京：经济科学出版社，2020：15.

和农村地区的信贷支持多数为小额短期贷款，以缓解其流动性压力。在当前乡村振兴战略指引下，涉农小微企业的融资需求不再仅仅是小额的初期启动资金和流动性资金，一些大型农场、农民合作社的建立大大增加了农村地区的信贷需求，尤其是增加了长期信贷需求。下一步应要求金融机构加大对涉农小微企业提供更多的长期资金支持。

(三) 优化监管政策

小微金融的可持续发展仍需监管部门加强政策创新和科技赋能，加大政策宣传力度，促进银企精准对接，切实服务小微企业。

1. 正确界定监管边界

在现代市场经济条件下，市场在资源配置中起决定性作用。政府不能依靠行政指令、考核处罚手段直接干预市场资源的配置。微金融需要遵循市场和商业的原则。过度政治化、过度用非市场的原则是不可持续的。正确界定监管边界才有利于微金融的可持续发展。微金融要贯彻商业化、市场化经营，坚持有借有还、还本付息的原则，不断扩大微金融服务的覆盖面，支持小微企业发展。通过金融的激励约束机制，使小微企业自立自强。同时利率要能覆盖成本和风险，才可以保持微金融可持续发展的动力。通过完善金融生态体系，实现大中小银行共生并存，通过金融竞争促使效率提升、成本压降，进而使边际利率趋降。

对"反高利贷"立法并严格执法，防止出现变相高利贷的行为。但是，某些新金融机构在法律允许下可以采取较高利率的融资方式，这些是对正规金融机构的补充，应当允许其存在。也就是说，基于商业的、理性的，在公平竞争的环境下最终形成的金融机构之间的分工，都会对小微企业的发展做出贡献。多年来，中国更多是通过政策手段对微金融进行支持。但是要实现微金融的可持续性发展，更有效的是依靠商业化，而不是政策性要求。从商业可持续的角度来说，仅仅依靠金融监管部门通过严格处罚损害小微企业利益行为或是仅仅以政策动员金融机构让利于小微企业、降低中小企业融资成本等是不能自动实现微金融的商业可持续的。

2. 完善小微企业贷款监管考核、贷款风险分类等监管政策

小微企业贷款监管考核方面，采取优化"两增"考核体系，在小微金融服务考核中将重点考核首贷指标；建立月度统计通报制度，加强对首贷投放

的监测和指导,放宽对首贷利率和不良贷款率要求,更好地发挥市场机制作用。在贷款风险分类等监管方面,重点关注商业银行信贷投放、期限结构、产品创新等方面,不断完善风险预警和突发事件处置机制。

3. 推进建立数字普惠金融的监管体系

完善的金融监管体系有助于数字普惠金融的健康发展。作为一种新兴的金融模式,数字普惠金融的发展需要注重传统风险,同时还要注重金融数据安全、算法安全、系统安全等问题,对此,需要建立相关的监管体系来控制其风险。在确保小微企业数据安全和隐私保护的前提下,明确数据权益,加强信息共享,避免出现不正当竞争,引导参与主体各方共同有序参与到数字普惠金融体系中。

(四)完善疏通政策传导机制

由于小微企业普遍抗风险能力较差,稳定的金融产品和持续的融资供给对于小微企业的发展很重要。通过政策支持建立为金融服务小微企业的长效机制,进而可以信用获得贷款取代凭借人情而取得的借款,用正式的制度来解决小微企业融资过程的常态问题,并且完善疏通政策传导机制,使其充分触达小微企业。

美国和德国目前的政策多以强有力的传播形式充分触达目标受众,例如,通过在政府官网专设界面友好、分类清晰的小企业援助专区。这可以用于中国政策宣传的借鉴。根据新冠肺炎疫情期间全国工商联的一项调研显示,政府有关小微企业的优惠政策的渗透率比较低,导致好的政策不能产生好的效果。因此,中国需要通过学习美国和德国等政策传播经验,优化政策与小微企业之间的沟通方式,使小微企业有效获取现有政策的扶持。

(五)积极构建微金融服务小微企业长效机制

深化金融供给侧结构性改革,需要积极构建微金融服务小微企业发展机制。通过建立"敢贷、愿贷、会贷、能贷"的长效机制,提升金融机构对于民营、小微企业的风险偏好,增强金融机构发展微金融业务的内生动力,开展公平有序竞争,逐步改善小微企业融资困境。

1. 完善微金融服务小微企业"敢贷"的长效机制

通过整合金融机构、工商、税务、海关等多方数据资源,减少银企信息不对称，增强金融机构获取和应用数据的能力；健全政府性融资担保体系，帮助银行有效分担小微企业贷款风险。加大小微专项金融债发行规模，有助于降低金融机构资金成本、引导金融机构更好支持小微企业，使其为小微企业提供期限更长的贷款，也可以降低小微企业融资的实际成本。[①]

2. 完善微金融服务小微企业"愿贷"的长效机制

首先，在政策体系方面，一方面完善政府性融资担保、信贷风险补偿以及财税优惠政策等，另一方面完善相关评价办法，如《商业银行小微企业金融服务监管评价办法（试行）》《金融企业绩效评价办法》等，促使金融机构"愿贷"；其次在监管方面，放宽不良率考核限制，采用"监管型＋市场型"，激发微金融机构提供微金融服务的积极性。最后，在考核评价方面，构建长效的考核评价机制，落实尽职免责等措施，调动基层行和信贷人员提供微金融服务的主动性。

3. 完善微金融服务小微企业"会贷"的长效机制

通过强化金融科技赋能，完善监管科技。实施商业银行中小微企业金融服务能力提升工程，使其加大小微企业信贷产品和服务进行创新，进而使微金融机构"会贷"。

4. 完善微金融服务小微企业"能贷"的长效机制

持续深入推动存款利率市场化，规范存款产品创新，稳定金融机构负债端成本；依托各级市场利率定价自律机制，逐步提高利率市场化水平，增强金融机构对小微信贷的风险定价能力，提高其从事小微金融服务的能力；通过结构性货币政策工具，引导金融机构不断根据小微企业需求优化信贷结构；发挥支持微金融机构发展的各项政策工具的合力，支持政策适时退出等，目的是使微金融机构"能贷"。

（六）加快小微企业金融素养政策制定

2017年以来，为提升小微企业的金融知识储备和融资能力，培育小微企业的信用意识和风险意识，提高其融资主动性和可获得性，工信部采用线下

[①] 邮储银行研究员娄飞鹏认为，2020年小微专项金融债在加大对小微企业支持方面发挥了积极作用。Wind数据统计，2020年共有40家银行合计发行51单小微专项金融债，发行规模共计3732.8亿元，与2019年全年的2048亿元相比，同比增加82%。其中，建设银行（200亿元）、平安银行（200亿元）、北京银行（80亿元）和重庆银行（20亿元），发行利率为3.3%~3.5%。

培训与线上课程相结合、理论学习与案例教学相结合等方式,在全国范围内开展小微企业金融知识普及教育活动。在此之前,有必要先搭建客观科学的金融素养调查和测度体系。尽管人民银行在 2017 年起建立了定期的消费者金融素养调查制度,并提供了可跟踪、可量化的参考指标。但目前中国尚未展开对小微企业的金融素养调查,亟须建立小微金融素养的调查体系,同时开展金融教育政策的评估基础建设,目的是尽快制定正式的小微企业金融素养政策。

二、完善微金融支持小微企业发展的相关法律制度

完善小微企业相关的基本法,设立专门的小微企业管理机构和机制,加快在政策性金融、信用担保、科技创新型小微企业的融资等关键环节中制定单行的配套法律,消除融资隐性壁垒,形成扶持小微企业发展的一套法律体系,有助于为微金融支持小微企业的发展营造公平竞争的环境。在较强的法治约束下,有助于地区金融机构收回贷款的比例上升、不良贷款率下降、债权得到有效保护、经营绩效得到提高,促使金融机构更愿意向资产规模小、成立时间短、信息透明度不高的小微企业发放贷款。

(一) 加快现有金融法律修订进程

加快金融领域的相关法律的修法进度。例如,《中国人民银行法》《商业银行法》《反洗钱法》等一系列法律法规,目的是奠定对微金融供给主体进行强监管的法律基础。2008 年暴发的全球金融危机使得世界各国对中央银行的职能定位进行重新审视,普遍开始从法律层面对中央银行的职能进行强化。为了应对 2008 年的金融危机,不少国家的中央银行增加了新的职责,并且在监管手段方面进行了创新。例如,英国制定的《2012 年金融服务法》显示,在英格兰银行内部新建金融政策委员会,一方面是为了进行宏观的审慎政策的制定,另一方面是为了能够对系统性的金融风险进行有效识别并加以防范,使其提前化解;在英格兰银行内部新建审慎监管局,是为了对金融机构进行审慎监管。

参考国际金融监管改革动态,考虑中国经济金融形势变化,殷兴山(2020)提出,目前中国人民银行等监管部门对微金融供给主体进行强监管

的依据不够充分，需要通过对《中国人民银行法》进行修改，来解决中国人民银行履行现有职责明确的法律依据不足等问题。对于《商业银行法》的修改来说，主要的问题在于当前《商业银行法》中的法规与商业银行的发展实践不相匹配。因此需要结合现代公司治理制度不断健全，包括如何加强银行法人治理与内部控制、如何更有效地进行资本与风险管理，以及如何完善市场退出机制等商业银行风险管理机制。此外，还需要加大对商业银行违法行为的惩处力度，进而提升监管的有效性等。

（二）尽快制定"金融机构破产法"

根据中国国情，白鹤祥（2020）建议，为了推动"金融机构破产法"的制定，可以考虑先由国务院制定并颁布"金融机构破产条例"，在该条例推行并适用后，再通过全国人民代表大会制定"金融机构破产法"。在金融机构破产程序中，采用行政主导型和司法主导型的折中模式，对于涉及金融专业的事项，由监管部门进行决定；对于涉及金融机构的破产财产或进行有关财产性权利确认等事项，由法院来进行决定。由专业部门来负责各种专业的事项有助于提高金融机构破产处置效率。需要注意的是，金融机构不同于一般的市场主体，因此，在"金融机构破产法"的制定中，必须对金融机构的破产范围和标准进行严格界定，同时对于不同类别的金融机构退出的标准与程序进行有区别的界定等。

（三）加快信用信息立法进程

通过尽快推出信用信息共享开放相关的法律法规，对于信用信息共享开放的内容、信用信息共享开放的范围、信用信息共享开放的方式等进行明确的界定，明确专业机构在采集和使用信用信息的权利、义务与法律责任即出现违规提供、传播、使用信用信息行为，应适用的处罚措施。推动行政部门和公共事业单位信用信息向市场化征信机构逐步地、合理地开放，以此推动商业领域信用信息共享。同时，尽快推出"个人信息保护法"，明确个人信息的法律地位和权利。明确在对个人信息的收集与使用中应该遵循的原则，避免个人信用信息泄露和滥用，对个人造成名誉或财产损失。

(四) 健全相关规范体系

例如，健全促进融资担保行业的健康、可持续发展的相关法律，完善支持融资担保机构债权变更、变现、风险准备金税前计提等扶持性法律法规，简化债权追索程序等。

三、加快完善政府性融资担保体系

目前，国家融资担保基金在融资担保体系中持续发挥着引导支持作用，但现有的融资政策型担保、风险分担机制尚不够完善，政策性银行支持和政策型融资担保力度仍需不断加大。

（一）考虑建立政策性银行支持和纯政策型融资担保机构

1. 建立服务中小微企业的政策性银行

商业银行追求利益最大化的商业化属性使得小微信贷领域存在明显的"市场失灵"，而"市场失灵"的领域正是需要政府介入的领域。无论是德国还是日本都专门设有缓解中小微企业融资难题的政策性银行。例如，日本的"金融公库"。目前，可以采取由中国人民银行牵头，专门设立一家新的政策性银行，其职能是为中小微企业提供服务，也可以采取将邮政储蓄银行进行改制的方式，改制为专门为中小微企业服务的政策性银行。

2. 建立纯政策性的融资担保机构

为了实现对具有一定发展潜力但缺少合格抵押品的小微企业融资提供适当增信，以及对其融资风险进行兜底的目的，可以建立纯政策性的融资担保机构。纯政策性的融资担保机构发挥的担保作用，有助于提高小微企业的首贷率，为其下一步能够顺利取得后续贷款打下基础。

（二）加快完善政府性融资担保体系

在构建国内国际双循环的大格局下，不断完善政府性融资担保机构公司治理体系，提升机构担保能力，大幅拓展政府性融资担保覆盖面，明显降低担保费率。

融资担保机构在加强自身能力建设方面，要加大资本投入，通过增加注册资本金、开展机构整合等形式增强政府性融资担保机构的整体实力，建立稳定专业的人才队伍，确保机构能够市场化、高效经营融资担保业务。另外，要建立健全内部控制制度，完善公司治理结构，构建起权责分明、相互制约、相关监督，同时兼顾运营效率的内部治理体系。

缺少合格抵押品常常是小微企业获得贷款服务的主要阻碍因素。小微企业尤其是涉农小微企业，由于其资产规模小且流动性较低，符合金融机构要求的抵押物较少。可以借鉴浙江丽水市、广西田东县等一些金融改革试验区采用家庭综合信用评级的方法，在收集涉农小微企业家庭综合信息的基础上，对家庭进行综合信用评级，金融机构根据信用评级授信。或者借鉴江苏泰州市整合包括水电和税收等部门的数据对小微企业的信用进行评估，并在大数据平台上向金融机构推送信用良好的小微企业，一旦有金融机构愿意为所推荐的小微企业提供贷款，政府则为相应的贷款提供担保。

在省级推动政府性融资担保体系发展方面主要有以下几种方式。一是浙江、广西等省份采取的按照市县一体化模式；二是江苏、广东、河南、湖南、宁夏等省份采取的通过控股、参股地市政府性融资担保机构等多种方式。国家融资担保基金需要重点对中西部财政资金紧张，政府性融资担保体系建设相对薄弱的省份加大支持力度，放宽或取消代偿率上限要求，适当降低再担保费，扩大股权投资规模，推动全国政府性融资担保体系均衡发展。

在财政政策方面，进一步落实支农支小贷款担保降费补贴政策，实现融资担保机构的可持续经营。人民银行可对政府性融资担保机构接入金融信用信息基础数据库予以重点支持，促进其提升风险防控能力，打击涉事企业的逃废债行为。

此外，深化银行和保险公司合作机制，改善小微企业融资服务。小微企业的融资缺口主要在于小微企业的信用体系和抵押物的缺失，小微企业的信用体系和抵押物的缺失催生了对信贷保证保险的需求。小额贷款保证保险的承保对象主要为小微企业（包括个体工商户、农业种植养殖大户）等，贷款资金以生产性用途为主。因为小额贷款保证保险可以为小微企业提供资信担保，使其获得银行的信用贷款。如果出现小微企业无力偿还贷款本息的情况，由保险公司向银行承担偿还责任，进而解决了银行不敢对小微企业贷款的难题。当前江苏、安徽、广东和甘肃等省份的实践证明，金融机构更倾向于为已经购买了农业保险的农业经济实体提供贷款。

(三) 加强融资担保机构服务能力建设

通过编发工作简报或专业出版物、举办培训、交流研讨等活动，提高融资担保机构的服务功能和服务能力，引导政府性融资担保体系规范发展。

四、优化社会信用体系，完善小微企业征信体系

社会信用体系建设在良好的微金融生态环境建设中处于重要位置。小微企业贷款贵贷款难的根本原因在于小微企业经营波动大，风险高；抵押物、担保物普遍缺乏；结构性数据不足，风险识别难度大。完善社会信用体系，通过信用信息的共享，即通过增信解决"融资难"，缓解微金融供需双方的信息不对称。

(一) 加强信息共享，持续优化社会信用体系

1. 打破政府部门间的"数据烟囱"

通过打破不同政府部门之间的"数据烟囱"，整合市场监管部门、税务部门、海关部门等行政部门之间的资源及网络平台信息，尽快搭建全国统一的信用信息共享平台。在经济发展水平高的地区建设区域性的信用信息平台，并尽快对接全国性的信用信息共享平台。无论是区域性的信用信息平台还是全国性的信用信息平台，通过免费的方式供金融机构使用，有助于金融机构获取和应用所需数据，增强其服务实体经济的能力。

2. 打通金融机构之间的"信息孤岛"

在金融机构之间可通过发挥各自的优势，采用"线上+线下"相结合或"消费场景+业务产品"等合作模式，不断补充并完善小微企业的信息，精准识别小微企业的融资需求，实现微金融需求和微金融供给的有效对接，提供具有针对性的金融产品，进而提高金融机构应对风险的能力。首先金融机构内部应统一建设标准，形成自上而下、协调一致的数据治理体系，同时，明确金融机构之间数据交换的流程和标准，实现金融机构之间所掌握的各类数据的有效共享。

(二）完善小微企业信用信息采集，创新小微企业信用信息产品与服务

1. 完善小微企业信用信息采集方式

在大数据时代，对小微企业进行精准画像需要来自多部门、多领域的多维数据的支撑。例如，通过政府公共部门获取小微企业社会性信息、通过金融机构获取小微企业财务等金融信息、通过互联网平台获取小微企业主的消费信息。加快搭建并完善涵盖工商行政管理部门、海关、司法部门、金融机构等数据信息，实现跨部门、跨地域的互联互通，尽快破解信息不对称的难题。推动地方政府部门开展小微企业培育工程，促进小微企业完善财务制度、增强经营能力。同时，健全小微企业公共信用信息对接共享机制，避免因信息不对称而产生的信贷风险。

对小微企业的信用信息进行采集时可以采用以下三种方式。一是借鉴日本行业协会型模式的经验，从行业商协会或采取信用调查员制度来获取信息。或者采用与数据服务商、合作机构等进行数据交换的形式，取得共享信息等多种形式采集信息，来保证数据采集的全面性。二是借鉴德国的经验，考虑小微企业的经营特征，把小微企业主的信用状况与小微企业的信用状况进行关联，通过评估小微企业主的信用状况对小微企业的信用状况进行评估。三是对于涉农小微企业，可以借鉴农业数据分析公司 FarmDrive 利用大数据的技术力量来不断完善社会诚信机制。通过收集和分析涉农小农企业在农业生产中的大数据，采用机器学习算法为农民建立可靠的信用评分系统，以此来搭建金融机构与符合资质的农民之间的桥梁，缓解高质量金融服务与涉农企业之间的信息不对称。此外，可以将小微企业经营中涉及的保险缴纳、运输及租赁、租金支付等替代数据用来补充传统信贷数据的不足，有助于从多维度体现小微企业信用状况。

2. 创新小微企业征信产品与服务

支持征信机构、各类信用评级机构在公共信息的基础上，进行小微企业信用服务产品开发和创新，有助于为"长尾"或"白户"等小微群体建立信用记录。一方面，丰富小微企业征信服务。基于小微企业所处行业、所处发展阶段的不同贷款需求，开发针对性强的小微企业征信产品，满足微金融机构等对小微业务征信产品多样化的需求。另一方面，提高征信产品的使用率。征信机构通过加大投入来完善小微企业信用调查制度，提高金融机构对小微

企业征信产品和服务的认可度,进而提高征信产品和服务的使用率。

3. 建立全国统一的小微企业征信数据标准规范

一是在保证采集数据的准确性和完整性的同时,应充分考虑数据项的通用性。二是建立小微企业信用产品和服务标准范式。对于体现小微企业信用水平的文本,采用统一格式,标准化文本,形成小微企业信用报告、信用评级报告,最终形成全国统一的信用报告标准。三是推动小微企业征信产品和服务互认。通过建立小微企业征信产品和服务在跨区域、跨部门(机构)的互认联动机制,可以使微金融机构在统一的信用标准、统一数据源的前提下,增强对客户的识别能力、对风险的识别能力,有助于精简小微贷款申办流程,提高小微企业申贷效率。

4. 健全守信激励和失信惩戒机制

健全小微企业守信激励,体现在对于信用状况好的小微企业可以优先获得相关小微企业融资优惠政策支持;健全失信惩戒机制,体现在对于因失信而被政府有关部门列入黑名单、重点关注名单中的小微企业不得享受相关小微企业融资优惠政策支持。对于有失信行为的小微企业主,建立失信人员联合惩戒机制,并在主要媒体上定期公示,让其在经济社会中难以立足。对于存在弄虚作假、骗贷骗补等行为的金融机构,记入机构及相关责任人的信用记录。

健全失信惩戒机制的同时,还需要避免滥用失信惩戒机制抬高信用门槛。针对天津、四川等地民营企业家反映,目前银行在发放贷款时存在过于看重企业家的个人信用,甚至存在对信用进行"苛刻"要求的情况。例如,2020年上半年,元创品智(天津)生物科技有限公司向银行申请贷款过程中,银行以一名企业合伙人"信用不良"为由拒绝对其放贷。[①] 真实情况是这位合伙人之前担任过董事的公司出现了不良记录,由此牵涉到这位企业合伙人,进而影响到他现在所任职的公司,因信用问题而不能取得贷款。因此,对于不良信用记录,不能"一刀切",应该区别对待:对于确实影响银行信贷安全的要严格摒弃;对于不影响放贷安全的失信行为,要采取放宽信贷限制的做法。之所以采用"有限惩罚"的措施,目的是避免出现因一人失信而拖垮其所任职企业的情况。

---

① 王井怀,等. 七堵点致中小企业融资画饼[J]. 瞭望,2020(46):48-50.

五、大力发展数字普惠金融

中国目前支持小微企业融资的结构性货币政策难以形成"毛细血管"式的渠道直达小微企业。在数字经济背景下,尽管政府部门要求大型银行扩大对小微企业的发放贷款,但面对呈现"额度小、期限短、频度高、时间急"等特点的小微企业融资需求,数字金融比传统金融更适合为小微企业提供资金。数字金融是一种以大数据、云计算和算法为基础的新金融模式,具有大数据和智能风控等方面的优势,这是传统金融所不具备的。数字金融的优势体现在:一是数字金融能够降低交易成本和金融服务成本。标准化、自动化和系统化的金融服务,提高了授信审批效率,降低了经营成本,进而有助于降低贷款利率。二是数字金融能够有效控制风险。大数据技术可以整合金融机构、工商、税务、海关等多方数据资源,减少银企信息不对称,从而有利于控制风险。三是数字金融有助于金融机构精准获客。数字技术可以为小微企业精准画像,帮助金融机构快速、精准获客。四是数字金融有助于提升小微企业融资便利性。网商银行、微众银行和百信银行的经验表明,数字技术的运用可以提高小微企业融资便利性,同时提高小微信贷审批率、降低违约率。工农中建四大商业银行利用数字化技术分别推出的小微企业融资产品有"网贷通""网捷贷""中银企e贷""小微快贷"等。2021年3月人民银行杭州中心支行联合浙江省市场监管局,依托浙江省企业信用信息服务平台,推出的"贷款码",提供的服务主要有小微企业的融资需求发布、对接、受理、反馈等,截至9月末,仅绍兴市已引导24166家企业扫码,支持16709家市场主体获得融资498.48亿元,企业支持率69%,融资满足率65%。①

(一)助力小微企业数字化转型,提升小微企业融资能力

1. 降低小微企业数字化转型成本,解决"不能转"的问题

支持各地以中小企业发展专项资金支持中小企业数字化改造,鼓励龙头企业、平台企业主导设立中小企业数字化转型专项基金,以此降低小微企业

---

① 杭州中心支行. 绍兴市打造"码"上融资"无忧"服务站 持续推动贷款码扩面增量[EB/OL]. http://hangzhou.pbc.gov.cn/hangzhou/2927497/4361475/index.html.

转型成本，帮助小微企业解决"不能转"的问题。

2. 加强平台对小微企业赋能，解决"不会转"的问题

通过进行中小企业数字化转型理念宣传，强化小微企业数字化转型的意识；通过鼓励平台企业开发更多转型产品、服务、工具，对小微企业进行赋能；联合高等院校和数字化解决方案提供商，为小微企业提供相关数字人才培训，提高小微企业数字技术使用能力。

3. 让小微企业更快看到转型实效，解决"不敢转"的问题

政府主导建立不同行业不同领域的小微企业数字化解决方案排行榜，根据部署难度、收益效果、企业评价等指标，定期公布不同平台解决方案的实际应用效果，不断提升数字化产品和服务质量，引导数字化解决方案，强化创新驱动和优胜劣汰。树立数字化转型榜样企业，引导企业快速转型，解决小微企业"不敢转"的难题。

(二) 支持中小金融机构的数字化转型，提升金融机构服务能力

鼓励金融机构以金融科技为依托，发挥集信用、信息共享的综合性服务平台的作用，利用数字科技，实现与税务部门、社会保障部门、财政部门等系统的对接，降低信息不对称，实现企业缴税、社保等信用信息向银行授信信息转变，实现对小微企业的精准画像、信用培育和政策投放，不断改进风险控制，形成激励相容的产品创新机制，提升金融机构的服务能力。唐山企业综合金融服务平台已成为值得广泛推广的模式。

推动金融机构与科技公司竞合发展，充分发挥各自的优势支持小微企业发展。鼓励大型金融机构的科技体系向外输出相关技术成果和赋能经验，支持中小金融机构的数字化经营，共同加快推进数字化转型。数字技术不断应用，能够促进金融机构进行数字化转型，有效降低金融服务的边际成本，通过数字化的信贷产品提供小微企业的"短小频急"的流动资金需求。2021年多项扶持小微企业的新政出台，吸引越来越多的金融科技公司涌向小微企业融资领域。商业银行与一批头部的金融科技公司将合作共建小微金融生态圈，持续探索具有中国特色的小微金融助贷服务模式。对中小银行而言，由于自身实力较弱，需要探索与大型商业银行或金融科技公司合作的有效途径。

(三)加快制定数字金融规范,加强监控数字金融风险

一方面,加快制定数字金融规范。为促进数字金融自身的发展,以及对数字金融的监管缺乏,需要基于数字金融实践及其属性,制定适应数字金融发展的相应准则和规范。另一方面,由于数字金融具有大数据和智能风控优势,有利于数字金融机构控制经营风险。一般来说,单个的小微企业与数字金融机构相比,处于弱势地位。为避免出现处于强势地位的不法金融机构钻空子,出现"套路贷"等现象,需要完善风险监控方式,严厉打击金融欺诈。

此外,打破大型科技公司对于数据的垄断。一些大型科技公司凭借自身的经营优势垄断了大量的企业数据。通过把大型科技公司垄断的数据进行共享,来完善国家信用信息基础数据库,有助于激活这些企业数据的价值,发挥其在支持小微企业融资、促进金融创新和维护金融稳定方面的重要作用。同时,打破大型科技公司对于数据的垄断,进行共享的过程中,还需要注意这些数据的安全问题。

六、深化金融供给侧结构性改革,改善小微企业融资结构

微金融体系中存在两个结构性问题:一是产品结构,主要是如何提高股权和债券的融资占比问题。二是微金融机构供给结构,主要是如何构建竞争有序、相互合作的微金融机构供给市场。

(一)在间接融资方面,增加更多的优质微金融机构

目前中国微金融供给机构分别是政策性金融机构、商业银行、非银行金融机构以及民间融资机构。其中,商业银行和政策性金融机构仍是小微信贷市场中主要的供给者。近些年来,大型银行的实践已经证明了可以做好微金融服务并且具有地缘优势的地方商业银行还是微金融的主力军。非存款类机构,包括网络小贷公司、典当行、融资担保公司等是信贷市场中的有益补充。

增加更多的优质微金融机构,有助于增加对小微企业的融资供给。不同规模、不同类型的金融机构可以根据自身的优势创新各自的小微金融模式,来充分满足不同行业、不同风险层次的小微企业的需求,仅仅依靠国有大型

商业银行或者仅仅依靠中小银行都是不现实的。需要不断深化金融供给侧结构性改革，完善多类别、广覆盖、差异化金融机构供给体系。允许正规金融机构按照风险与收益匹配的原则进行自主定价，来有效弥补其小微贷款的风险损失，这样可以提高金融机构提供小微金融服务的积极性，进而有助于扩大微金融的覆盖率，吸引小微企业的融资从民间融资机构等准金融机构转向银行等正规金融机构，可以切实降低小微企业的融资成本。

1. 大力培育发展中小金融机构

明确中小银行坚持服务实体经济、坚持本土化发展、坚持差异化经营的科学定位，进一步推进商业性金融制度的完善。不断放开准入，大力培育发展中小金融机构，增加将客户定位于小微企业、民营企业的民营中小银行的数量。有序推动民营银行常态化发展，引导督促城市商业银行、农村商业银行、农村信用社等地方法人银行不忘初心，增加本地金融供给；支持符合条件的地方中小银行合并重组以此来提升其服务地方的能力和水平。加快建设多层次、差异化的金融服务组织体系，有效匹配各行各业的小微企业差异化的金融需求。一方面，可以减轻因大型银行下沉服务可能出现的"掐尖现象"和"挤出效应"；另一方面，规避某些对大型银行的激励政策措施对中小银行产生的不利影响。

2. 不断增加互联网金融供给主体，打造数字金融小微融资体系

微金融的未来发展需要科技赋能，采用金融科技的新理念和新手段有助于破解微金融的发展难题。传统的金融机构的融资方式和技术无法充分满足涉及面广、需求量大且需求急迫的小微企业融资需求。因为微金融机构与小微企业之间的信息不对称，增加了微金融机构在利率成本与风险控制方面的难度。而技术变革是推动微金融发展的决定性力量，当代金融科技不仅可以有效破解信息不对称的难题，还可以通过创新金融服务模式来提高微金融效率，降低交易成本，最终使微金融业务符合商业可持续原则。

此外，完善金融多层次体系结构的同时，充分利用银行、保险、信托等金融机构的资源优势，支持中小银行进行多渠道补充资本，鼓励引导通过地方政府专项债来为中小银行补充资本金，增强金融机构支持小微企业发展的服务能力，同时，通过监管考核机制推动中小银行内部构建起支农支小的资源倾斜机制。深化中小银行股份制改革，完善战略投资者引入机制，推动中小银行完善产权约束和法人治理结构。通过完善外部政策激励机制，采用一

系列政策激励。例如，财政注资、减税降费、结构性货币政策工具支持、弹性化监管等，支持大小银行间进行动态博弈，促进小微企业金融服务的良性竞争。

（二）在直接融资方面，提高股权和债券的融资占比

为完善中小微企业融资制度，需要准确把握小微企业自身发展规律，坚持商业可持续的市场化原则，采用信贷、股权、债券相互组合的方式，推动实现中小微企业融资"扩面、增量、降价、提质、防风险"。要大力发展股权融资，加大债券市场支持力度，提升直接融资比重，丰富小微企业融资渠道。

1. 大力发展股权融资

加强资本市场基础制度建设，通过科创板、新三板、PE/VC 等股权融资来支持小微企业发展，提高针对小微企业的股权融资占比。大力发展科创板，有助于小微企业生命发展周期与融资渠道的契合。有效发挥科创板、新三板在服务中小微企业股权融资方面的作用。股权投资可以借鉴互联网银行在债权融资上的模式。大型互联网公司掌握了小微企业的大量数据，利用金融科技和大数据分析决定能否给小微企业发放贷款，就有可能根据这些数据和技术，开发出适用于股权投资的尽职调查方式。全国工商联、国家金融与发展实验室和蚂蚁集团研究院发布的《2019—2020 小微融资报告》显示：2019年微型企业的盈利表现好于其他类型的企业，其中，年利润率在 50% 以上的微型企业占 9.3%，20% 以上的约占 50%，而发生亏损的微型企业仅占 3.3%。由此可见，部分微型企业有一定的发展潜力，值得长期投资。因此，可以考虑先从互联网银行现有的贷款客户中找到成长性高、风险小、有发展潜力又愿意扩大投资的微型企业及个体工商户来进行投资试点。

针对初创期的小微企业，要稳妥有序推进投贷联动业务，同时有效发挥创业投资基金的支持作用。例如，对于科技创新型小微企业，可以通过由政府出资的创业投资基金引导社会资本参与的方式，在科技创新型小微企业初创期、早中期等发展阶段进行股权投资。此外，不断完善国家中小企业发展基金的投资机制，发展地方政府投资引导基金，以投资或股权形式扶持初创期小微企业，为小微企业补充资本。

2. 加大债券市场支持力度

债券市场对小微企业的支持体现在具有直接作用的支持与间接作用的支持。其中具有直接作用的支持主要体现在直接发行的企业债，例如，小微企业债、创新创业债以及中小企业发行的其他公司信用类债券等。具有间接作用的支持，一是体现在原本占用较多信贷资源的大型企业通过发行企业债的方式进行融资，就可以使得较多的信贷资源用于发放小微企业贷款；二是体现在通过金融机构发行用于发放小微企业贷款的小微企业专项金融债券。对此，一方面，需要进行加大对规模相对较大的企业发行信用类债券的政策支持，使其保持快速增长态势，进而释放出较多的信贷资源流向融资需求缺口大的各类小微企业。另一方面，支持金融机构增发专门用于发放小微企业贷款的小微专项金融债券。金融机构小微专项金融债是债券市场支持小微企业的重要途径。

加速债券市场改革创新，加大对小微企业的支持力度。债券市场进行的一系列改革创新包括企业债、公开发行公司债实施注册制，到债务融资工具升级发行人分层分类机制，再到公开发行短期公司债券的推出，促进了债券市场的发展。

本 章 小 结

从微金融服务的供给侧和需求侧来看，主要痛点在于供需双方的信息不对称。为从根本上解决小微企业融资难问题，不能仅仅从微金融的供给方来考虑，而需要全面推进微金融供需双方的共同变革，在微金融管理侧的完善与监管下，共同促进商业化的、可持续的微金融体系的发展。

（1）基于微金融需求侧的微金融支持小微企业发展的建议。第一，小微企业首先要自强。通过优秀管理者的管理、良好的企业治理结构、优质的产品或服务，以及有效的商业经营模式让自身变得强大。第二，小微企业要有意识地建立和维护自身信用。一方面，小微企业要主动做好信息披露，增强诚实守信意识，形成良好企业信用；另一方面，小微企业要坚守主业，注重创新，不断提高核心竞争力等。第三，小微企业需要提高金融素养和金融健康水平。首先，小微企业能够意识到提升自我金融素养的重要性；其次，小微企业通过各种途径努力使自身的金融素养得以提升；最后，小微企业能够拥有较高的金融素养进而增强抗金融风险能力。第四，小微企业尽快开展数字化转型。一是能够意识到小微企业数字化转型对提高其生存能力、竞争能力的重要性；二是推进智能化、信息化等人才建设和培养，逐渐实现小微企业的发展壮大。

（2）基于微金融供给侧的微金融支持小微企业发展的建议。第一，金融机构应该提升自身的战略定位。通过转变思想认识，提升对小微企业融资的认知能力，清晰小微客户定位，明确目标市场。第二，金融机构创新小微业务经营管理模式。深化体制机制改革，优化信贷制度体系，落实尽职免责制度，引进培育复合型人才，加强专业队伍建设。第三，金融机构注重开发满足小微企业融资需求的产品和服务。一是注重提供产品和服务的多元化与个性化，例如，结合涉农小微企业自身特点进行金融产品的设计和研发；二是提高数字化金融产品市场竞争力；三是提升客户满意度和体验度等。第四，金融机构通过金融素养教育等为小微企业赋能。微金融供给者加强对小微企业保护与赋能，通过金融素养教育提升等计划帮助小微企业主提高金融素养，将信贷服务过程作为金融能力建设的途径。

（3）基于微金融管理侧的微金融支持小微企业发展的建议。第一，加强微金融与小微企业相关政策支持与机制建设。财政部门要持续完善贴息、风险补偿等机制，对来自不同部门的小微企业财政补贴资金进行整合，不断提高财政资金的风险补偿能力，扩大有限的财政资金惠及面。增强货币政策的精准性、直达性和普惠性。坚持对监管政策的优化，并且不断疏通政策传导机制等。第二，完善微金融支持小微企业发展的相关法律制度。加快金融领域相关法律的修法进度，目的是奠定对微金融供给主体进行强监管的法律基础。同时，制定"金融机构破产法"，并且尽快推出"个人信息保护法"，明确个人信息的法律地位和权利。第三，加快完善政府性融资担保体系。一是考虑建立政策性银行支持和纯政策型融资担保结构；二是继续推动省级政府性融资担保体系发展；三是加强融资担保自律组织建设。第四，优化社会信用体系，完善小微企业征信体系。一是加强信息共享，即通过增信解决"融资难"；二是不断创新小微企业信用信息产品与服务。在信用信息进行采集方面，可以考虑借鉴日本的行业协会型模式的经验，或者是借鉴德国的经验。对于涉农小微企业的信用信息的采集方面，可以借鉴农业数据分析公司

FarmDrive 利用大数据的技术力量来不断完善社会诚信机制。第五，大力发展数字普惠金融。一方面，可以有助于小微企业进行数字化转型，使得小微企业的融资能力得以提高；另一方面，可以支持中小金融机构的数字化转型，提升金融机构服务能力。此外，加快制定有利于数字金融健康发展的相关规范，便于对数字金融风险进行有效监控。第六，深化金融供给侧结构性改革，改善小微企业融资结构。一是在间接融资方面，增加更多的优质微金融机构。一方面，大力培育发展中小金融机构；另一方面，不断增加互联网金融供给主体，打造数字金融小微融资体系。二是在直接融资方面，提高股权和债券的融资占比。本着商业可持续的原则，采用组合的方式，使得信贷、股权、债券相互配合。

参考文献

[1] J. 弗雷德·威斯通 (J. Fred Weston). 兼并、重组与公司控制 [M]. 北京: 经济科学出版社, 1998.

[2] 巴曙松. 关于解决当前小微经营者融资难问题的政策建议 [J]. 人民论坛·学术前沿, 2020 (12): 22 – 30.

[3] 巴曙松. 将小微金融发展作为下一步金融改革的重点 [J]. 浙江金融, 2012 (6): 9 – 11.

[4] 白钦先, 崔晓峰. 加入WTO对我国金融资源配置和金融可持续发展的影响: 兼论政策性金融应发挥的作用 [J]. 南方金融, 2001 (1): 28 – 31.

[5] 北京金控小微公司课题组. 创新金融模式助力小微发展 [J]. 中国金融, 2020 (7): 52 – 54.

[6] 贝多广. 金融是倒金字塔状态 [EB/OL]. http://finance.sina.com.cn/hy/20150328/111021833563.shtml.

[7] 贝多广. 普惠金融与"好社会"建设 [J]. 中国金融, 2020 (1): 25 – 26.

[8] 本报编辑部. 差异化政策更有助于银行做好小微金融服务 [N]. 农村金融时报, 2019 – 03 – 25 (A2).

[9] 蔡乐才, 朱盛艳. 数字金融对小微企业创新发展的影响研究——基于PKU-DFIIC和CMES [J]. 软科学, 2020, 34 (12): 20 – 27.

[10] 曹梦石. 新冠疫情下商业银行数字化转型研究 [J]. 漯河职业技术学院学报, 2020 (5): 60 – 63.

[11] 陈国容. 小微企业融资难融资贵症结与解决之道 [J]. 福建金融, 2018 (11): 66 – 69.

[12] 陈琳, 秦默. 美国中小企业信用担保体系建设经验及启示 [J]. 国际经济合作,

2020（2）：149-156.

[13] 陈平. 引导小微金融高质量发展［N］. 中国城乡金融报，2018-03-28（A2）.

[14] 陈思锦. 加快数字产业化和产业数字化——国家发展改革委创新和高技术发展司有关负责同志就《关于推进"上云用数赋智"行动培育新经济发展实施方案》答记者问［J］. 中国经贸导刊，2020（8）：17-18.

[15] 陈一稀，王紫薇，齐结斌. 德国中小微企业融资支持［J］. 中国金融，2020（1）：81-84.

[16] 陈英蓉. 四川省新农村建设投融资长效机制研究［M］. 成都：西南财经大学出版社，2013.

[17] 陈迎园. 商业银行小微贷款信用风险评估研究［D］. 杭州：浙江大学，2020.

[18] 陈志武. 人类历史上不断尝试限制利率，但为何从没成功？［EB/OL］. 知网金融，https：//k.cnki.net/CInfo/Index/9028，2021-08-17.

[19] 程超. 抵押物有助于缓解小微企业信贷约束吗？［J］. 金融与经济，2021（1）：4-13.

[20] 程峰，杜俊平，刘金璐. 新政机遇下小微企业融资问题的调查与思考：以佳木斯市为例［J］. 黑龙江金融，2018（11）：56-58.

[21] 单天宇. 数据安全立法——金融行业如何应变［N］. 中国城乡金融报，2020-07-31（A4）.

[22] 丁俊峰. 中国小微金融演进机理与效率研究［D］. 南昌：江西财经大学，2014.

[23] 丁廉业. 大数据金融：小微企业金融服务的创新与思考［J］. 西南金融，2021（7）：62-73.

[24] 董希淼. 从三年政府工作报告看小微企业融资难题破解［N］. 21世纪经济报道，2021-03-11（4）.

[25] 董希淼. 缓解小微企业融资困境应综合施策［N］. 证券日报，2018-06-30（A3）.

[26] 董希淼. 加快破解民营小微企业融资难"最先一公里"［N］. 经济日报，2020-01-13（11）.

[27] 董希淼. 应从供需两端发力 优化小微金融服务生态［N］. 21世纪经济报道，2021-04-30（4）.

[28] 董希淼，李林鸿. 金融科技为小微"精准画像"［N］. 中国银行保险报，2021-05-17（7）.

[29] 杜冰. 建设"质量更优效率更高动能更足"新银行［N］. 金融时报，2020-04-14（1）.

[30] 杜晓山. 建立布局合理的农村金融体系 [N]. 中华合作时报, 2003 – 03 – 18 (H1).

[31] 杜晓山. 农村金融体系框架、农村信用社改革和小额信贷 [J]. 中国农村经济, 2002 (8): 4 – 9, 19.

[32] 杜晓山, 刘文璞. 从小额信贷到普惠金融 中国小额信贷发展二十五周年回顾与展望纪念文集 [M]. 北京: 中国社会科学出版社, 2018.

[33] 杜晓山, 张保民, 刘文璞, 白澄宇. 对民间或半政府机构开展扶贫小额信贷的政策建议 [J]. 红旗文稿, 2004 (6): 19 – 21.

[34] 樊纲. 近期金融改革的关键点 [J]. 现代商业银行, 2005 (5): 12 – 13.

[35] 范应胜. 我国微型金融发展现状、问题及建议 [J]. 时代金融, 2015 (23): 325 – 327.

[36] 方昕, 张柏杨. 小微企业正规融资效果研究——基于匹配模型的估计 [J]. 金融研究, 2020 (9): 97 – 116.

[37] 房飞, 王大树. 减税降费与小微企业科技创新——基于东部沿海地区面板数据的实证分析 [J]. 税收经济研究, 2021, 26 (2): 40 – 46.

[38] 冯彦明, 李旭泽. 两类国家化解中小企业融资难的比较与借鉴 [J]. 银行家, 2020 (7): 80 – 82.

[39] 高锦首, 达潭枫. 基于DLT的新型供应链金融与中小微企业融资 [J]. 财会通讯, 2021 (12): 146 – 150.

[40] 高晓燕. 小微企业融资机制创新研究 [M]. 北京: 经济日报出版社, 2015.

[41] 葛孟超. 金融加把力 小微增活力 (财经眼·开局之年, 金融如何服务经济②) [N]. 人民日报, 2021 – 02 – 08 (18).

[42] 宫尧. 透视小微金融素养: 破解小微群体融资难题的另一个抓手 [EB/OL]. https://www.sohu.com/a/387672849_99906081, 2020 – 04 – 13.

[43] 郭丽虹, 朱柯达. 金融科技、银行风险与经营业绩——基于普惠金融的视角 [J]. 国际金融研究, 2021 (7): 56 – 65.

[44] 郭娜. 中小企业融资困境及对策研究 [M]. 北京: 中国金融出版社, 2017.

[45] 郭新明. 激发内生动力确保落实直达实体政策 [J]. 中国金融, 2020 (24): 28 – 30.

[46] 郭新明. 提升小微企业融资服务获得感 [J]. 中国金融, 2019 (24): 15 – 17.

[47] 何德旭, 苗文龙. 金融排斥、金融包容与中国普惠金融制度的构建 [J]. 财贸经济, 2015 (3): 5 – 16.

[48] 何德旭, 饶明. 我国农村金融市场供求失衡的成因分析: 金融排斥性视角 [J]. 经济社会体制比较, 2008 (2): 108 – 114.

[49] 何雪锋,李艳秋,万小容. 双循环下供应链金融"堵点"及疏通——基于蜈蚣博弈行为实验的探讨 [J]. 会计之友, 2021 (10): 42-49.

[50] 贺同宝,李媛,曾晓曦. 构建多层次民营小微融资体系 [J]. 中国金融, 2019 (24): 21-23.

[51] 洪芳,万雨娇. 小微企业征信服务的国际经验及借鉴 [J]. 青海金融, 2020 (8): 53-57.

[52] 洪卫,靳亚阁,谭林. 银行数字化缓解中小微企业融资约束: 一个理论分析 [J]. 金融理论与实践, 2020 (11): 63-68.

[53] 胡斌. 中国小微企业融资难问题研究: 基于金融结构视角 [M]. 北京: 经济科学出版社, 2018.

[54] 胡军,周广澜. 基于质量视角的供应链契约协调 [M]. 北京: 经济科学出版社, 2014.

[55] 胡美军. 小微企业融资供给侧结构性改革研究 [J]. 金融监管研究, 2018 (1): 38-54.

[56] 胡晓明. 数字技术破解小微及消费信贷难题 [J]. 中国金融, 2020 (15): 49-51.

[57] 胡艳辉,陈雪. 小微企业金融支持问题与解决措施分析——以河北省为例 [J]. 人民论坛, 2014 (29): 98-99, 135.

[58]《互联网征信》课题组. 大数据时代下的互联网征信: 基于微型金融视角 [M]. 北京: 经济科学出版社, 2016.

[59] 华庆,宏伟. 地方金融回归本源之道 [N]. 金融时报, 2017-12-04 (9).

[60] 黄国平. 数字金融促进中小微企业发展 [J]. 中国金融, 2021 (12): 41-42.

[61] 黄文妍,孔德兰. 小微企业互联网金融融资成本研究 [J]. 长沙大学学报, 2019, 33 (1): 14-19.

[62] 黄勋敬,赵曙明. 基层管理者 1+N 领导力模型与发展 [M]. 北京: 北京邮电大学出版社, 2014.

[63] 黄益平. 数字金融创新助力经济发展新格局 [N]. 社会科学报, 2021-01-21 (1).

[64] 黄益平. 数字金融缓解小微资金难题 [J]. 中国金融, 2020 (7): 38-39.

[65] 贾康. 财政政策与稳金融和稳投资 [J]. 中国金融, 2020 (12): 26-28.

[66] 江洁. 保险服务小微企业发展: 国际经验与中国路径 [J]. 金融理论与实践, 2018 (9): 95-98.

[67] 姜浩. 金融与科技深度融合助小微发展 [N]. 中国城乡金融报, 2020-01-20 (A2).

[68] 蒋辉. 信息不完备情境下的小微企业信用评估研究 [D]. 长沙: 湖南大学,

2019.

[69] 焦瑾璞, 陈瑾. 建立中国普惠金融体系 提供全民享受现代金融服务的机会和途径 [M]. 北京: 中国金融出版社, 2009.

[70] 焦瑾璞. 金融机构信用管理 [M]. 北京: 中央广播电视大学出版社, 2011.

[71] 焦源源. 国家金融与发展实验室副主任杨涛: 金融科技赋能——破解小微企业融资难题 [N]. 中国证券报, 2020-11-30 (A3).

[72] 雷发星. 提升普惠金融质效助小微企业渡难关 [N]. 中国城乡金融报, 2020-02-14 (A2).

[73] 李锋. 社会主体信用奖惩机制研究 [M]. 北京: 中国社会科学出版社, 2017.

[74] 李涵, 吴雨, 邱伟松, 甘犁. 新冠肺炎疫情对我国中小企业的影响: 阶段性报告 [J]. 中国科学基金, 2020, 34 (6): 747-759.

[75] 李可佳. 村镇银行差异化监管制度研究 [D]. 成都: 西南财经大学, 2014.

[76] 李克勉, 李先军. 市场发育、信息供给与商业银行小微金融服务: 基于四家商业银行的案例比较分析 [J]. 当代经济管理, 2017, 39 (6): 86-92.

[77] 李凌. 论双层监管体制下小微金融监管制度创新 [J]. 中南财经政法大学学报, 2014 (3): 93-98.

[78] 李明, 张璿璿, 赵剑治. 疫情后中国积极财政政策的走向和财税体制改革任务 [J]. 管理世界, 2020 (4): 26-34.

[79] 李琪琦. 村镇银行发展现状及可持续性探析——以四川为例 [J]. 西南金融, 2019 (7): 78-86.

[80] 李全海, 张劲青, 赵扬. 中小型外贸企业发展困境与转型对策 [M]. 北京: 冶金工业出版社, 2014.

[81] 李瑞晶, 王丽丽, 程京京. 信贷资金、融资担保与小微企业融资约束——银行贷款与民间借贷的比较分析 [J]. 上海金融, 2021 (4): 24-32.

[82] 李瑞雪. 小微企业融资公平保障法律制度研究 [D]. 重庆: 西南政法大学, 2016.

[83] 李若谷. 金融改革应处理好几个关系 [J]. 中国金融家, 2014 (6): 18-19.

[84] 李晓, 汤婉月. 信用科技赋能小微金融 [J]. 中国金融, 2020 (11): 74-75.

[85] 李修彪. 中国人力资本代际流动及其收入效应研究 [M]. 北京: 经济科学出版社, 2019.

[86] 李秀婷. 小微企业融资困境和普惠金融关系研究综述 [J]. 技术经济与管理研究, 2017 (8): 62-65.

[87] 李焰, 施佳宏. 我国传统银行开展中小微金融活动: 社会责任还是商业驱动 [J]. 经济理论与经济管理, 2018 (4): 32-48.

[88] 李贞彩，姚丽莎．临沂商贸物流发展财政金融支持研究［M］．合肥：安徽人民出版社，2015．

[89] 梁峰．公司金融［M］．北京：经济科学出版社，2014．

[90] 林毅夫，李永军．中小金融机构发展与中小企业融资［J］．经济研究，2001（1）：10-18．

[91] 刘畅，刘冲，马光荣．中小金融机构与中小企业贷款［J］．经济研究，2017，52（8）：65-77．

[92] 刘林东．不忘"普惠"初心　专注服务小微企业——访微众银行行长李南青［J］．银行家，2020（12）：32-35．

[93] 刘鹏鹏．英国小微金融支持政策对我国征信业的启示［J］．银行家，2021（3）：99-103．

[94] 刘尚希．培育完整内需体系须以改革为动力［N］．社会科学报，2021-03-11（1）．

[95] 刘尚希．助力小微企业，财政的那些稳定与创新的政策［EB/OL］．https：//www.sohu.com/a/404585986_99906081，2020-06-28．

[96] 刘尚希，武靖州．风险社会背景下的财政政策转型方向研究［J］．经济学动态，2021（3）：13-23．

[97] 刘兴赛．小微金融业务的电子银行应用［J］．国际金融，2012（10）：27-32．

[98] 刘彦雷．后疫情时代金融服务小微企业思考［J］．中国金融，2020（23）：35-36．

[99] 刘艳艳．新常态下中国影子银行体系对金融稳定性和实体经济的影响［M］．北京：经济科学出版社，2018．

[100] 刘洋．促进创新转型的财政投入问题研究［M］．北京：中国财政经济出版社，2015．

[101] 娄飞鹏．加强金融产品创新才能更好支持小微企业［N］．经济参考报，2020-11-26（1）．

[102] 卢盼盼．普惠金融发展的空间结构效应研究［D］．北京：中央财经大学，2017．

[103] 卢中华，王玲．商贸物流集群高质量发展研究［M］．北京：经济科学出版社，2020．

[104] 陆成之．综合施策提升小微金融服务质效［N］．中国城乡金融报，2021-01-22（A3）．

[105] 陆岷峰，曹梦石．关于新时代我国商业银行运行轨迹与发展趋势的研究：基于未来银行发展目标、模式与路径视角［J］．金融理论与实践，2020（12）：46-56．

[106] 陆岷峰，陈捷．民营企业融资困境：供给结构、导向错位与校正重点［J］．福

建论坛，2020（7）：25-34.

[107] 陆岷峰. 地方金融供给侧结构性改革与纾困小微企业融资路径研究［J］. 青海社会科学，2020（1）：80-86.

[108] 陆岷峰. 供应链经济背景下供应链金融发展现状、问题与策略研究——基于构建经济发展新格局的视角［J］. 金融理论与实践，2021（1）：19-26.

[109] 陆岷峰. 关于金融本源及创新边界的研究［J］. 当代财经，2018（9）：48-53.

[110] 陆岷峰. 小微企业融资结构性矛盾与优化对策［J］. 武汉商学院学报，2020（2）：3-16.

[111] 陆岷峰. 新冠疫情背景下商业银行数字小微金融发展战略研究：基于未来银行的发展视角［J］. 新疆师范大学学报（哲学社会科学版），2020（5）：1-15.

[112] 陆岷峰，徐博欢. 金融供给侧结构性改革背景下发展微型金融机构研究［J］. 西南金融，2019（4）：29-38.

[113] 陆岷峰，徐阳洋. 经济双循环背景下中小企业的机遇、挑战与成长的着力点［J］. 西南金融，2021（1）：73-82.

[114] 陆岷峰，徐阳洋. 数字小微金融：产生场景与发展策略［J］. 西南金融，2020（1）：62-70.

[115] 陆岷峰，徐阳洋. 中国农村金融发展七十年历程回顾、启发与展望［J］. 金融理论与教学，2020（2）：1-7.

[116] 陆岷峰，周军煜. 数字化小微金融发展战略研究［J］. 北华大学学报（社会科学版），2019，20（2）：127-134.

[117] 吕劲松. 关于中小企业融资难、融资贵问题的思考［J］. 金融研究，2015（11）：115-123.

[118] 罗荷花，李明贤. 我国小微企业融资约束问题研究［M］. 北京：经济管理出版社，2016.

[119] 罗煜，刘相波. 微型金融的商业化［J］. 中国金融，2014（3）：41-43.

[120] 马贱阳，车士义. 进一步深化小微企业金融服务［J］. 中国金融，2018（19）：26-28.

[121] 马腾跃. 精准匹配小微金融供给与需求——访中国社科院金融研究所所长助理杨涛［J］. 中国金融家，2018（8）：51-53.

[122] 孟娜娜，蔺鹏. 中小微企业"麦克米伦缺口"成因及智能金融解决路径［J］. 南方金融，2018（7）：73-80.

[123] 欧阳卫民，邱亿通，许涤龙. 中小微企业金融探索［M］. 北京：中国金融出版社，2015.

[124] 欧阳文杰. 百年党的历史 百年红色金融：中国共产党百年金融思想发展脉

络、特点、经验与启示［J］.金融理论探索，2020（5）：3-12.

［125］欧阳文杰.以数字消费金融驱动消费市场健康发展研究［J］.宝鸡文理学院学报（社会科学版），2020（5）：56-63，71.

［126］平安普惠金融研究院课题组.做好疫情冲击下的小微金融服务［J］.中国金融，2020（5）：44-45.

［127］钱箐旎.数字化再造提升金融服务［N］.经济日报，2021-07-06（7）.

［128］钱水土，吴卫华.定向降准能否有效缓解小微企业融资难？——来自银行微观数据准自然实验设计的证据［J］.浙江社会科学，2020（11）：14-22，155.

［129］乔新生.中国金融立法需要考虑五个问题［N］.证券时报，2020-01-23（A3）.

［130］朱武祥，张平.疫情背景下的中小微企业金融纾困模式［J］.金融坛，2020，25（4）：7-14.

［131］冉瑞恩.中国小微企业融资问题研究：基于银行业市场结构视角［M］.北京：经济管理出版社，2017.

［132］尚福林.加强监管引领　深化小微企业金融服务［N］.经济日报，2013-07-22（6）.

［133］盛天翔，朱政廷，李祎雯.金融科技与银行小微企业信贷供给：基于贷款技术视角［J］.管理科学，2020，33（6）：30-40.

［134］施刚.国外商业银行小微企业信贷模式比较与启示［J］.金融论坛，2016，21（1）：40-49，71.

［135］宋珏遐.加强监管评价机制建设　提升小微企业金融服务水平［N］.金融时报，2020-07-06（2）.

［136］苏宁.优化金融环境　改善金融生态［N］.金融时报，2005-07-13（A1）.

［137］孙芙蓉.政策合力缓解小微企业融资难——访中国财政科学研究院院长刘尚希［J］.中国金融，2020（15）：58-59.

［138］孙国峰.推进金融业供给侧结构性改革［J］.清华金融评论，2017（7）：24-29.

［139］孙雨忱.信息不对称下银行对中小微企业的最优信贷策略研究——基于Logistic回归的违约率测算模型［J］.金融发展研究，2021（6）：78-84.

［140］孙云奋.农村劳动力流动、土地流转和农民收入研究［M］.北京：经济科学出版社，2021.

［141］唐子赫.X银行山东分行小微企业信贷业务竞争战略研究［D］.济南：山东大学，2020.

［142］陶金元.跨国公司在华子公司契约联盟治理及绩效研究［M］.北京：企业管理出版社，2017.

[143] 佟健. 金融结构失衡对中小微企业融资难问题的影响研究 [D]. 沈阳：辽宁大学, 2018.

[144] 汪路. 征信：若干基本问题及其顶层设计 [M]. 北京：中国金融出版社, 2018.

[145] 王国刚, 胡坤. 国内经济大循环的理论要点、实践堵点和破解之点——兼论激活商业信用机制 [J]. 金融评论, 2021, 13 (1)：21-40, 121-122.

[146] 王海全, 刘婵婵. 完善小微企业贷款激励机制 [J]. 中国金融, 2021 (9)：32-33.

[147] 王剑锋, 吴京, 徐万肖. 小微企业融资难：合约逻辑、政策评析与完善建议 [J]. 金融理论与实践, 2020 (1)：33-40.

[148] 王俊寿. 小微金融生态体系的重构 [J]. 中国金融, 2019 (20)：44-46.

[149] 王丽娟, 徐月梅."几家抬"做好小微企业金融服务 [N]. 中国城乡金融报, 2019-07-03 (A2).

[150] 王蒙, 左胜强, 宋光宇. 小微企业信贷可得性的影响因素研究——基于347家小微企业的调查数据 [J]. 武汉金融, 2021 (3)：79-83, 88.

[151] 王去非. 对小微金融"台州模式"的认识 [J]. 中国金融, 2019 (20)：39-41.

[152] 王曙光, 李晨希. 县域小微企业融资困境纾解方略——基于"政府-市场关系"视角 [J]. 长白学刊, 2020 (2)：102-109.

[153] 王曙光. 论竞争中性原则与金融高质量发展 [J]. 人民论坛·学术前沿, 2019 (10)：20-27.

[154] 王伟同, 李秀华, 陆毅. 减税激励与企业债务负担——来自小微企业所得税减半征收政策的证据 [J]. 经济研究, 2020, 55 (8)：105-120.

[155] 王宪磊. 全球经济共同性问题的性质和原因（第3卷 发展论）[M]. 北京：社会科学文献出版社, 2012.

[156] 王馨. 互联网金融助解"长尾"小微企业融资难问题研究 [J]. 金融研究, 2015 (9)：128-139.

[157] 王鑫, 王莹, 陈进东. 我国中小微企业信用评价研究现状与发展趋势 [J]. 征信, 2021, 39 (5)：62-70.

[158] 王猿."上云用数赋智",让交通物流更智能 [N]. 现代物流报, 2021-06-30 (A3).

[159] 王子菁. 融资约束、共享金融与小微企业成长性研究 [D]. 济南：山东大学, 2018.

[160] 魏紫, 姜朋, 王海红. 小型微利企业所得税优惠政策经济效应的实证分析 [J]. 财政研究, 2018 (11)：96-106.

[161] 吴琪, 任瀚达, 于杰民. 德国复兴信贷银行的小微金融 [J]. 中国金融, 2020 (5): 87-88.

[162] 吴文婷, 欧阳敏姿, 陈会雄. 数字化时代银行小微金融服务创新研究 [J]. 金融与经济, 2021 (1): 90-96.

[163] 吴作风. 上市公司股权激励效应研究——基于研发投资行为传导机制的视角 [M]. 北京: 经济科学出版社, 2020.

[164] 夏晖. 数字普惠金融服务解小微企业融资难 [N]. 首都建设报, 2021-07-07 (1).

[165] 夏蜀. 转型与重构: 中国地方银行体制模式框架分析 [M]. 北京: 中国金融出版社, 2014.

[166] 《小额贷款在中国》丛书编委会. 小额信贷在中国: 以小额贷款促进社会公平 [M]. 北京: 中国财政经济出版社, 2013.

[167] 肖华东. 金融系统与技术创新融资研究 [M]. 武汉: 湖北科学技术出版社, 2012.

[168] 肖宗富. 问题导向视角下小微企业金融改革创新的探索——基于浙江台州市金融改革试验区的实践经验 [J]. 区域金融研究, 2019 (2): 13-16.

[169] 谢平, 邹传伟, 刘海二. 互联网金融的基础理论 [J]. 金融研究, 2015 (8): 1-12.

[170] 谢绚丽, 沈艳, 张皓星, 郭峰. 数字金融能促进创业吗?——来自中国的证据 [J]. 经济学 (季刊), 2018, 17 (4): 1557-1580.

[171] 邢灿. 台州市: 踏上新时代共同富裕新征程 [N]. 中国城市报, 2021-06-28 (34).

[172] 邢乐成, 梁永贤. 中小企业融资难的困境与出路 [J]. 济南大学学报 (社会科学版), 2013 (2): 1-7, 91.

[173] 徐斌. 基于委托-代理视角的农业社会化服务满意度评价研究 [J]. 中国软科学, 2015 (5): 67-76.

[174] 徐长生, 李立新. 定向降准政策惠及不同行业的小微企业了吗? [J]. 武汉金融, 2021 (6): 3-11.

[175] 徐成龙. 环境规制下产业结构调整及其生态效应研究——以山东省为例 [M]. 北京: 经济科学出版社, 2021.

[176] 徐守荣. 后疫情时期银行支持中小企业转型 [J]. 中国金融, 2020 (16): 89-90.

[177] 徐文舸. 从国际视角看如何解决中小微企业的融资问题 [N]. 中国经济时报, 2019-07-24 (5).

[178] 许光建. 减税, 如何让小微企业更有获得感 [J]. 人民论坛, 2019 (8): 68-70.

[179] 许学军. 商业银行中小企业贷款业务［M］. 上海：上海财经大学出版社，2010.

[180] 鄢秉松，郑希，陈唯源. 小微信贷市场的贷款迁移和"挤出效应"——基于小微企业金融服务审计调查［J］. 金融理论与实践，2020（10）：54-62.

[181] 杨君，肖明月，吕品. 数字普惠金融促进了小微企业技术创新吗？——基于中国小微企业调查（CMES）数据的实证研究［J］. 中南财经政法大学学报，2021（4）：119-131，160.

[182] 杨涛. 理性看待金融支持中小微企业［J］. 银行家，2020（9）：21.

[183] 杨涛. 如何运用金融科技缓解小微金融难题［N］.21世纪经济报道，2020-07-13（4）.

[184] 杨涛. 新冠疫情影响下的金融数字化转型加速［J］. 金融理论探索，2020（4）：3-6.

[185] 杨婷，沈杰，周志霞. 微型金融机构目标偏移的文献述评［J］. 技术经济与管理研究，2016（12）：78-82.

[186] 杨伟中. 金融供给侧改革实践思考［J］. 中国金融，2019（22）：31-33.

[187] 杨晓东. 商业银行小微企业信贷违约行为研究［D］. 上海：上海财经大学，2020.

[188] 杨姚静. 微型金融研究进展的文献综述［J］. 商，2016（17）：193-194.

[189] 姚丽莎. 在新农村建设中发挥民间金融的作用［J］. 山东经济，2007（3）：115-117.

[190] 叶征，田昆，黄丹阳. 市场化征信助力小微发展［J］. 中国金融，2020（4）：77-78.

[191] 叶志桂. 小微金融服务的六大难点［J］. 中国金融，2021（1）：100.

[192] 翼志斌. 中央银行沟通与货币政策有效性［M］. 北京：中国财政经济出版社，2012.

[193] 殷兴山. 金融支持民营小微实践［J］. 中国金融，2019（24）：18-20.

[194] 尹丹莉. 当前我国财政扶持中小企业融资的政策分析［J］. 中央财经大学学报，2011（8）：18-22.

[195] 尤阳，杨朕凯，覃凤琴. 美欧小微企业融资平台对我国信易贷平台建设的启示［J］. 征信，2020，38（11）：64-69.

[196] 喻微锋，康琦，周永锋. 商业银行设立普惠金融事业部能提高小微企业信贷可得性吗？——基于PSM-DID模型的实证检验［J］. 国际金融研究，2020（11）：77-86.

[197] 苑泽明. 知识产权融资的风险、估价与对策［M］. 沈阳：东北财经大学出版社，2010.

[198] 曾宪岩，黄都. 小微融资与金融结构改革［J］. 中国金融，2016（24）：32-33.

[199] 张吉光. 破解中小银行资本补充难题 [J]. 中国金融, 2021 (10): 44-46.

[200] 张洁. 新冠疫情下小微企业复工复产金融供给研究——以绍兴小微企业为例 [J]. 地方财政研究, 2020 (9): 30-36.

[201] 张捷, 王霄. 中小企业金融成长周期与融资结构变化 [J]. 世界经济, 2002 (9): 63-70.

[202] 张捷. 中小企业的关系型借贷与银行组织结构 [J]. 经济研究, 2002 (6): 32-37.

[203] 张乐. 我国小微企业融资难融资贵的原因分析与对策研究 [J]. 区域金融研究, 2018 (11): 88-91.

[204] 张伟如. 中国商业银行对小微企业信贷融资问题研究 [D]. 北京: 对外经济贸易大学, 2014.

[205] 张希. 德国银行体系助力小微企业融资对我国的启示 [J]. 农村金融研究, 2018 (9): 48-51.

[206] 张晓玫, 张海晖. 微金融碎片与重塑 [M]. 北京: 中国金融出版社, 2016.

[207] 张缘成. 地方金融监管亟须有法可依 [N]. 农村金融时报, 2019-04-01 (A8).

[208] 张远远. 风险投资、政府资助和银行贷款对小微企业创新活动的影响研究 [D]. 济南: 山东大学, 2019.

[209] 张志元, 马永凡, 胡兴存. 疫情冲击下中小微企业的金融供给支持研究 [J]. 财政研究, 2020 (4): 58-65.

[210] 赵浩, 丁韦娜, 鲁亚军. 小微企业融资困境分析与国际经验借鉴 [J]. 征信, 2019, 37 (7): 55-60.

[211] 赵蕾. 强化金融担当——提升服务质效 [N]. 中国城乡金融报, 2020-12-23 (A2).

[212] 赵萌. 金融支持小微企业应更加注重质量和效能 [N]. 金融时报, 2021-07-05 (5).

[213] 赵玉龙. 政府普惠金融战略下的小微企业信用风险管理研究 [D]. 武汉: 武汉大学, 2018.

[214] 郑备军, 陈铨亚, 傅承峰. 中国中小企业融资机制与创新: 基于传统信用模式的研究 [M]. 杭州: 浙江大学出版社, 2016.

[215] 郑丽芬. 我国小微涉农企业的金融抑制困局与破解 [J]. 农业经济, 2018 (7): 102-104.

[216] 郑志来. 金融结构、普惠金融与小微企业融资体系构建 [J]. 当代经济管理, 2019, 41 (8): 85-90.

[217] 中国人民银行景德镇市中心支行课题组,黄伟,吴晓明,王山.小微企业续贷成本过高[J].中国金融,2018(24):119.

[218] 中国人民银行小额信贷专题组.2010/2011年小额信贷通讯合集[M].北京:经济科学出版社,2011.

[219] 中国税收文化研究会.税收一线报告[M].银川:宁夏人民出版社,2014.

[220]《中国银行家调查报告(2019)》课题组.全面提高风控能力仍为银行业战略转型重点[N].中国银行保险报,2020-03-20(7).

[221] 中小企业担保课题组,贾康.中小企业信用担保的总体情境与财政政策匹配[J].改革,2012(3):5-20.

[222] 衷凤英.新冠疫情背景下民间金融助力小微企业融资与发展研究[J].武汉工程职业技术学院学报,2020,32(3):44-47.

[223] 重庆市金融发展服务中心.重庆金融研究报告:改革、转型和发展[M].重庆:西南师范大学出版社,2017.

[224] 周诚君.构建多层次征信市场思考[J].中国金融,2021(11):27-30.

[225] 周景彤,范若滢.结构优化步伐持续加快[N].中国经济时报,2018-01-29(7).

[226] 周科.小微金融服务监管评价新进展[J].中国金融,2020(14):79-80.

[227] 周亮,刘黎一帆.互联网金融背景下小微企业融资问题研究[J].会计之友,2020(12):43-47.

[228] 周艳明.基于银行业结构视角的小微企业融资可得性研究[D].北京:中央财经大学,2016.

[229] 朱太辉.金融科技破解小微企业金融服务困局[J].金融理论探索,2020(4):7-9.

[230] 朱太辉.企业融资难融资贵问题的根源和应对研究——一个系统分析框架[J].金融与经济,2019(1):4-11.

[231] 朱文慧.我国政府推动商业银行普惠金融发展的问题与对策研究[D].济南:山东大学,2020.

[232] 朱武祥,张平,李鹏飞,王子阳.疫情冲击下中小微企业困境与政策效率提升——基于两次全国问卷调查的分析[J].管理世界,2020,36(4):13-26.

[233] 左慧玲.构建双轮驱动征信服务模式[J].中国金融,2021(12):102.

[234] Anderson C. The Long Tail [J]. Business Book Summaries, 2004, 11 (1): 1-20.

[235] Beck T, et al. Financing Patterns Around the World: Are Small Firms Different?[J]. Journal of Financial Economics, 2008 (3): 467-487.

[236] Berger A N, et al. Does Function Follow Organizational Form? Evidence from the

Lending Praties of Large and Small Banks [J]. Journal of Financial Economics, 2005, 76 (2): 237 - 269.

[237] Berger A N, Udell G F. Relationship Lending and Lines of Creditin Small Firm Finance [J]. Journal of Business, 1995 (68): 351 - 382.

[238] Berger A N, Udell G F. The Economics of Small Business Finance: The Roles of Private Equity and Debt Markets in the Financial Growth Cycle [J]. Journal of Banking & Finance, 1998, 22 (6): 613 - 673.

[239] Berlin M, Loeys J. Bond Covenants and Delegated Monitoring [J]. Journal of Finance, 1988 (43): 397 - 412.

[240] Berlin M, Mester L J. On the Profitability and Cost of Relationship Lending [J]. Journal of Bank & Finance, 1998, 22 (6): 873 - 897.

[241] Cressy R, Christer O. The Financial Conditions for Swedish SMEs: Survey and Research Agenda [J]. Small Business Economics, 1997, 9 (2): 179 - 194.

[242] Diamond D W. Monitoring and Reputation: The Choice between Bank Loans and Directly Placed Debt [J]. Journal of Political Economy, 1991, 99 (4): 689 - 721.

[243] Goldsmith R M. Financial Structure and Development [M]. New Haven: Yale University Press, 1969.

[244] Hughes A. Finance for SMEs: A U. K. Perspective [J]. Small Business Economics, 1997, 9 (2): 151 - 166.

[245] King R G, Levine R. Finance and Growth: Schumpeter Might Be Right [J]. Quarterly Journal of Economics, 1993, 108: 717 - 738.

[246] Levin R. The Legal Environment, Banks, and Long-Run Economic Growth [J]. Journal of Money, Credit, and Banking, 1998.

[247] Myers S C, et al. Corporate Financial and Investment Decisions When Firms Have Information That Investors Do Not Have [J]. Journal of Financial Economics, 1984, 13 (2): 187 - 221.

[248] Noctor M, Stoney S, Strading R. Financial Literacy: A Discussion of Concepts and Competences of Financial Literacy and Opportunities for Its Introduction into Young People's Learning [R]. Report prepared for the National Westminster Bank, National Foundation for Education Research, 1992.

[249] Sen K. Inclusive Growth: When May We Expect It? When May We Not? [J]. Asian Development Review, 2014, 31 (1): 136 - 162.

[250] Stiglitz J E, Weiss A. Credit Rationing in Markets with Imperfect Information [J]. The American Economic Review, 1981, 71 (3): 393 - 410.

[251] Weston J P, Strahan P E. Small Business Lending and the Changing Structure of the Banking Industry [J]. Journal of Banking & Finance, 1998, 22 (6-8): 821-845.

[252] World Bank Group. Improving Access to Finance for SMES: Opportunities through Credit Reporting [R]. Secured Lending and Insolvency Practices, 2018.

[253] Yoshino N, Taghizadeh-Hesary F. Major Challenges Facing Small and Medium-Sized Enterprises in Asia and Solutions for Mitigating Them [R]. Asian Development Bank Institute, 2017.